柳州市抗战文物研究丛书

不能忘却的记忆
——柳州抗战

柳州市军事博物园 ◎ 编

广西科学技术出版社

·南宁·

图书在版编目（CIP）数据

不能忘却的记忆：柳州抗战 / 柳州市军事博物园编 .
南宁：广西科学技术出版社，2024.8.--（柳州市抗战
文物研究丛书）.--ISBN 978-7-5551-2271-5

Ⅰ . K871.62

中国国家版本馆 CIP 数据核字第 2024FD7066 号

不能忘却的记忆——柳州抗战

柳州市军事博物园　编

策　　划：罗煜涛

责任编辑：何杏华　　　　　　　　责任校对：吴书丽

装帧设计：韦娇林　　　　　　　　责任印制：陆　弟

出 版 人：岑　刚

出版发行：广西科学技术出版社

社　　址：广西南宁市东葛路 66 号　　邮政编码：530023

网　　址：http://www.gxkjs.com

印　　刷：广西壮族自治区地质印刷厂

开　　本：787 mm × 1092 mm　1/16

字　　数：151 千字　　　　　　　　印　　张：10.75

版　　次：2024 年 8 月第 1 版

印　　次：2024 年 8 月第 1 次印刷

书　　号：ISBN 978-7-5551-2271-5

定　　价：99.00 元

编 委 会

前　言

　　1921 年中国共产党的成立是开天辟地的大事件，深刻改变了近代以来中华民族发展的方向和进程，深刻改变了中国人民和中华民族的前途和命运。20 世纪 30 年代初，日本对华的持续侵略成为近代以来中国历史上最黑暗的一页。九一八事变之后，中国共产党率先吹响抗战的号角，中国人民开始在白山黑水间奋起抵抗。

　　这是一场艰苦卓绝的反侵略战争，"四万万人齐蹈厉，同心同德一戎衣"。当侵略者残酷的炮火碾过中华大地，敌人的铁蹄肆意践踏我们的家园，在中华民族面临亡国灭种的危急关头，柳州人民在中国共产党倡导建立的抗日民族统一战线旗帜下，与汇聚而来的各方力量一起投入轰轰烈烈的抗日救亡运动中。

　　本书讴歌中国共产党在全民族抗战中发挥的中流砥柱作用，通过对柳州抗战历史的脉络进行梳理，对中国共产党柳州地方组织在抗战中发挥的重要作用进行回顾，对柳州人民在抗战期间所作出的贡献以及柳州当时作为西南水陆交通枢纽、抗战大后方的重要地位进行叙述，展现出柳州人民传承不绝的抗战精神和革命信仰，将这段不能忘却的记忆铭刻在城市的血肉里。

目录

第一部分

统一战线 团结合作

抗日战争期间，在中华民族面临亡国灭种的紧要关头，中国人民在中国共产党倡导建立的抗日民族统一战线旗帜下，形成了全民族共同抗日的新局面。中华儿女以血肉之躯筑起拯救民族危亡、捍卫民族尊严的钢铁长城，用鲜血和生命谱写中华民族历史上抵御外侮的伟大篇章。中共中央和广西党组织始终坚持抗日民族统一战线的方针，高举团结抗日救亡的伟大旗帜，为推动和争取国民党新桂系集团共赴国难并坚持到底，领导八桂各族人民争取抗战在广西的胜利作出了重要贡献。

第一单元　抗日民族统一战线的形成

　　1921 年，中国共产党在中国人民救亡图存的斗争中应运而生。中国共产党一经诞生，就把为中国人民谋幸福、为中华民族谋复兴确立为自己的初心使命。1931 年秋，日本帝国主义制造九一八事变，中日之间的民族矛盾逐渐上升为主要矛盾，中国共产党肩负历史使命，积极倡导建立抗日民族统一战线。

　　1931 年 9 月 18 日夜，日军进攻中国军队驻地北大营，炮轰沈阳城，制造九一八事变。

1931 年 9 月 19 日，日军在沈阳外攘门上向中国军队进攻

日军入侵沈阳

日军火烧沈阳北大营

1931 年 9 月 20 日中共中央发表《中国共产党为日本帝国主义强暴占领东三省事件宣言》，9 月 22 日中共中央作出《关于日本帝国主义强占满洲事变的决议》。中共满洲省委随即指示各地党组织开展抗日斗争。

中国共产党领导下的东北抗日联军

1935 年 8 月 1 日，中共驻共产国际代表团草拟中国苏维埃政府、中国共产党中央《为抗日救国告全体同胞书》（《八一宣言》），主张停止内战，组织国防政府和抗日联军对日作战。

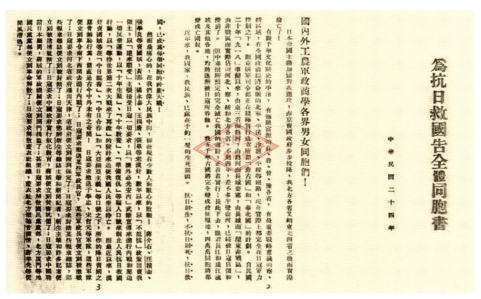

《为抗日救国告全体同胞书》节录

1935 年 12 月 9 日，中国共产党领导北平学生掀起声势浩大的抗日救亡运动（一二·九运动）。

一二·九运动的学生游行队伍

1935 年 12 月 17 日至 25 日，中共中央政治局在陕北瓦窑堡召开扩大会议，通过《中共中央关于目前政治形势与党的任务的决议》。

中共中央政治局瓦窑堡会议旧址

1935 年 12 月 27 日，毛泽东在党的活动分子会议上作《论反对日本帝国主义的策略》报告。瓦窑堡会议决议和毛泽东的报告，明确提出党的基本策略任务是建立广泛的抗日民族统一战线。

1935 年 12 月 27 日，毛泽东作报告现场

1936 年 5 月 5 日，毛泽东、朱德发出《停战议和一致抗日通电》，公开放弃反蒋口号。9 月 1 日，中共中央发出党内指示，明确提出党的总方针应是逼蒋抗日。从抗日反蒋到逼蒋抗日，这是党根据国内阶级关系变化的实际状况作出的一个重大政策变化。

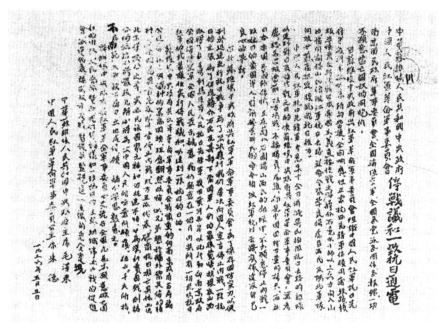

《停战议和一致抗日通电》

1936 年 8 月 25 日，中共中央公开发表《中国共产党致中国国民党书》，再次呼吁停止内战，建立抗日民族统一战线。

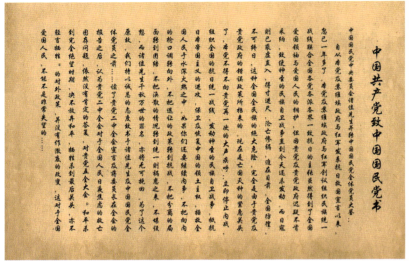

《中国共产党致中国国民党书》节录

1936 年 11 月 7 日至 8 日，中共广西省代表大会在贵县（今贵港市）三里罗村召开。广西省工委书记陈岸在会上提出要贯彻党中央的《为抗日救国告全体同胞书》的精神。大会通过了关于坚决拥护和贯彻党的抗日民族统一战线方针政策的决议。

陈岸（1910—2008）

1936 年 12 月 12 日，为劝谏蒋介石改变"攘外必先安内"的政策，张学良和杨虎城在西安发动"兵谏"，并通电全国，提出"停止内战，一致抗日"等八项主张，这就是震惊中外的西安事变。中国共产党力促西安事变的和平解决，对促成以国共两党合作为基础的抗日民族统一战线的建立起到了重要作用。

张学良（1910—2001）

杨虎城（1893—1949）

西安各界群众上街游行，支持张学良、杨虎城的爱国之举，呼吁联合抗日

应张学良邀请赴西安参加谈判的中共代表（右起：周恩来、叶剑英、秦邦宪），经过谈判，西安事变得到了和平解决，成为扭转时局的枢纽

　　1937 年 7 月 7 日夜，日本侵略军悍然发动卢沟桥事变（七七事变），当地中国驻军奋起抵抗，全民族抗战由此开始。

日军炮轰宛平县城

1937 年 7 月 8 日，宛平守军开赴卢沟桥抵御日军

中国共产党高举抗日大旗，在七七事变的第二天立即向全国发出《中国共产党为日军进攻卢沟桥通电》，号召"全中国同胞、政府与军队，团结起来，筑成民族统一战线的坚固长城，抵抗日寇的侵掠！"。

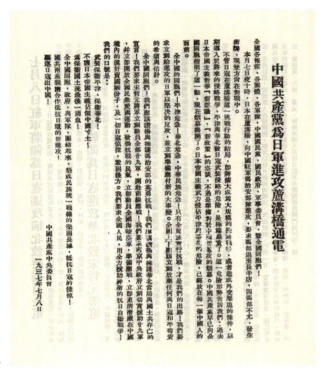

《中国共产党为日军进攻卢沟桥通电》

1937 年 7 月中旬，中共广西省工委在横县郁江船上召开中共郁江区代表会议，传达了在延安召开的苏区代表会议和白区代表会议精神，讨论建立抗日民族统一战线、发展抗日武装等问题。

1937 年 8 月 22 日至 25 日，中共中央在陕北洛川召开政治局扩大会议，即洛川会议。会议通过《中国共产党抗日救国十大纲领》和《中共中央关于目前形势与党的任务的决定》，标志着党的全面抗战路线正式形成。

洛川会议旧址

1937 年 9 月 22 日，国民党中央通讯社发表《中国共产党为公布国共合作宣言》。9 月 23 日，蒋介石发表实际上承认共产党合法地位的谈话。中共中央的宣言和蒋介石的谈话，宣告国共两党重新合作和中国抗日民族统一战线的形成。

第二单元　中国共产党对新桂系的统战工作

国民党新桂系是中国共产党推动建立抗日民族统一战线进程中的重要争取对象。全民族抗战开始前，中国共产党以积极抗日、抵御外侮为政治基础，与新桂系等地方实力派上层进行接触并开展统战工作，共同建立抗日民族统一战线。全民族抗战开始后，中国共产党与新桂系建立的统一战线为第二次国共合作打下了坚实的基础。

1935年，北方党组织派党员宣侠父、谢和赓到广西开展工作。1936年6月，国民党粤系、新桂系联手发动以"抗日反蒋"为号召的"两广事变"。中国共产党根据抗日形势发展，提出"逼蒋抗日"的政策，推动"两广事变"和平解决。1936年7月，中共中央派云广英到广西对新桂系进行统战工作；9月，中共中央北方局派薛尚实到广西，向新桂系转达中共中央对"两广事变"的策略。

1937年6月，张云逸赴桂进行合作抗日谈判。经过与李宗仁、白崇禧及四川地方实力派刘湘的代表张斯可多次会谈，拟订了红（军）、桂、川三方联合抗日纲领草案。

宣侠父

谢和赓

云广英

薛尚实

张云逸

红（军）、桂、川三方联合抗日纲领草案《川桂红协定》

桂林桂北路 138 号（现中山北路 96 号）的八路军驻桂林办事处当时外景

1938 年 10 月，抗战进入相持阶段。中国共产党为团结新桂系抗战，经过周恩来争取白崇禧的支持，于 11 月中旬在桂林成立了八路军驻桂林办事处，李克农任处长。

八路军驻桂林办事处对内是中共中央南方局的派出机构，肩负着领导广西地下党，联络湘、赣、粤、港和南洋等地党组织，推动抗日民族统一战线在广西的发展，领导桂林抗日文化运动，筹运军需物资和输送过往人员等任务。

八路军驻桂林办事处处长李克农

八路军驻桂林办事处部分工作人员在路莫村军需物资转运站留影

1939 年 7 月，根据中共中央南方局指示，八路军驻桂林办事处撤销广西省工委，成立桂林、梧州、南宁三个特支，由桂林八办直接领导。柳州党组织由桂林特支管辖。

负责办事处中共党内组织工作的石磊及其夫人在桂林合影

八路军驻桂林办事处的部分电台工作人员在路莫村电台室工作现场

八路军驻桂林办事处运送军需物资到抗战前线途中

第二部分

烽火龙城 中流砥柱

面对日本帝国主义的野蛮入侵，柳州人民奋起抗争。在抗战过程中，新桂系当局实行两面政策，一方面联合中共中央共同促蒋抗日；另一方面实行片面抗战路线，不断残酷镇压中共广西地方组织的抗日行动。柳州党组织始终坚持抗日民族统一战线方针，高举团结抗日救亡旗帜，反对分裂投降，坚定开展抗日武装斗争，在八桂大地掀起轰轰烈烈的抗日救亡运动，成为柳州团结抗日的重要力量。

第一单元　中国共产党在柳州的发展

全民族抗战开始后，新桂系当局在与中国共产党进行上层合作的同时，对中共广西党组织实行破坏和镇压，制造了一系列反共事件。但为了团结抗战，柳州党组织执行"隐蔽精干"的方针，以抗日民族统一战线为基本方针，开展各项工作，全力投入抗战。

一、中共柳州地方组织沿革

1925 年秋，中共广东区委为了加强广西中心城市的建党工作，派遣一批共产党员到广西活动。同年 10 月，中共梧州支部成立，这是广西最早成立的党组织。

1925 年 12 月，中共梧州地委成立后，抓紧在广西各地发展党组织。

1926 年 7 月，中共柳州支部干事会成立，隶属中共梧州地委领导。中共柳州支部成立后，为进一步发展组织，壮大党的力量，开始积极发展进步青年加入共产党。

中共梧州地委旧址　　　　　　　中共柳州支部干事会旧址（今中山东路 22 号文化大院内）

　　1927 年，国民党在上海发动"四一二"反革命政变，广西反动当局也掀起了"清党"的血浪。在此期间，柳州的国民党反动派迫害共产党和革命群众，共有 10 多名革命骨干被杀害、30 多人被判刑，中共柳州支部遭到彻底破坏。

　　"四一二"反革命政变后，象县革命青年团电请国民党中央缉捕中共柳州支部党员张胆、刘策奇。

1927 年国民党广西省党部宣传部编印的《清党丛书》

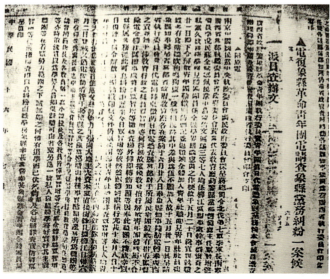

当时的回复电文

1936年11月，中共广西省工委成立。同月，中共南方临时工作委员会（简称"南临委"）负责人薛尚实到南宁巡查，确认了广西党组织与南临委的关系，广西党组织与上级中断了4年之久的联系得以恢复。此后，广西党组织进入新的发展时期。1937年3月，中共广西省工委派中共桂林县委组织委员陶保桓到柳州市区恢复、重建中共柳州支部，并任支部书记。同年3月至8月，陶保桓接收了一些原来隐蔽在柳州的党员的组织关系，并在学校发展了10多名党员，使中共柳州支部的力量迅速发展。

陶保桓（1910—1937）

中共柳州支部

中共柳州支部恢复后不久，抗日战争在中国全面爆发。中共柳州支部书记陶保桓带领群众积极开展抗日救亡宣传活动。1937年，国民党广西当局内部发生派系斗争，8月底，新桂系第五路军总司令部以托派的罪名逮捕了广西军校政训处处长王公度等4名新桂系党政官员，并借机逮捕了陶保桓及共产党员蒋汝志和一些进步人士，制造了陶保桓、崔真吾被害事件。1937年9月17日，陶保桓被杀害于桂林南门外，时年27岁。

陶保桓牺牲后，1937年至1941年，中共广西省工委先后任命粟稔、龙德沿、路璠、温静宇为中共柳州支部书记。其间，中共柳州地方组织仍然坚持在险恶的环境中发动群众，开展各种抗日救亡运动。

原中共广西省工委书记、广西壮族自治区第五届人大常委会副主任陈岸为陶保桓烈士题词

粟稔（1909—1979），广西贺县（今贺州市）人，1935年与钱兴、曾生等人把社会科学研究会扩大改组为中国青年抗日同盟。在一二·九运动中被捕，1936年4月经组织营救出狱，同年8月加入中国共产党。1937年9月到柳州中学任教、任中共柳州支部书记。1938年9月撤离柳州

龙德洽（1910—1976），广西武宣人。1936年8月加入中国共产党，11月任中共临桂县委委员，同月到桂林日报社任编辑。1938年7月到柳州中学任教，同年9月任中共柳州支部书记。1943年6月被国民党当局逮捕

路璠（1916—2003），广西融县（今融安县）人。1936年加入中国共产党；1937年任中共融县支部书记。1939年9月任广西地方建设干校指导员、中共支部委员。1939年7月任中共柳州支部书记（未到职）。1941年3月任中共柳州市委书记

温静宇（1917—？），原名温智明，又名温靖，广西陆川人。1936年3月参加"抗日救国会"。1937年5月加入中国共产党。1940年10月任中共柳州支部书记

中共广西省工委单线联系的柳州支部

1938 年 3 月，中共广西省工委委员陈岸到柳州巡视工作，将省工委单线联系的 4 名党员单独组成一个中共柳州支部，任潘兆昌为书记。该支部不与1937 年重建的柳州支部发生组织关系，直属陈岸领导。1939 年底该支部撤销，其党员由温静宇领导的柳州支部接收。

潘兆昌（1907—1974），广西北流人。1928 年 1 月加入中国共产党，1938 年 3 月任中共柳州支部书记

中共柳州支部旧址（原柳州公立医院，今来宾市委、市政府驻柳管理处二大院）

中共柳州市委

1941 年 3 月，为加强柳州党组织的领导，中共广西省工委书记钱兴亲自到柳州组建柳州市委，并任命路璠为书记。

钱兴（1909—1948）

柳庆区特派员

1942 年 2 月，中共广西党组织由委员制改为特派员制，实行单线联系，柳州市委则改为柳庆区特派员（实际上仍称柳州市委），特派员为路璠，副特派员为杨烈。

1942 年 7 月，桂林"七九事件"使柳州的中共组织遭到破坏，中共广西省工委指派吴赞之为中共柳州特派员，负责领导柳州党组织工作。翌年协助中共广西省工委书记钱兴开展工作。

杨烈（1911—1992），广西融县（今融安县）人

吴赞之（1917—1978），广西融县（今融安县）人。1940 年 6 月加入中国共产党。1941 年 7 月，受党组织派遣打入国民党内部任柳州三青团分团部书记（照片为中华人民共和国成立后摄）

中共柳州特派员驻地旧址（现为柳州市龙城中学映山街校区）

中共柳州县委

1942年9月，中共广西省工委将中共柳州特派员改为中共柳州县委员会，并指派在柳江县政府合作指导室工作的熊元清任书记。

1943年9月，熊元清因暴露撤离，中共广西省工委任命胡习恒为中共柳州县委书记。

中共柳州县委将部分力量转移到农村，在农村建立党的工作据点并开展活动，主要负责城乡联络、培训干部、掩护过往干部、发动农民参加抗日救亡运动。

熊元清（1918—1998），广西武宣人，1940年11月加入中国共产党，1941年10月任中共柳江县合作人员支部书记，1942年9月任中共柳州县委书记

胡习恒（1921—2007），广西来宾人，1938年11月参加广西学生军，1941年5月加入中国共产党，1943年9月任中共柳州县委书记

中共柳州县委驻地旧址（原曙光东路 118 号）

中共柳州日报社特支

1941 年 3 月，中共柳州日报社党支部成立。1942 年 6 月，罗培元应邀到柳州任《柳州日报》编辑室主任。1942 年"七九"事件后，柳州日报社社长林继茂被捕，罗培元未暴露，继任总编辑，报社其他党员大部分撤出，日报社内的党支部不复存在。罗培元陆续从广东等地邀请了张琛、邓楚白、司马文森等一批中共党员和进步分子到报社工作。1943 年 6 月，罗培元担任社长。1945 年 2 月，罗培元、张琛、何家英

罗培元（1918—2007）

等 3 人在罗城龙岸建立了中共柳州日报社特支，罗培元任中共柳州日报社特支负责人。

在艰苦恶劣的斗争环境下，柳州日报社员工信念不变，利用报社的合法地位，机智巧妙地和敌人开展斗争，竭力宣传共产党的纲领路线和政治主张，组成了抗日宣传的生力军；运用手中的笔杆子，积极开展统战工作，团结了一切可以团结的力量共同抗日。

罗城龙岸柳州日报总社旧址

位于东门城楼上的中共柳州日报社特支旧址

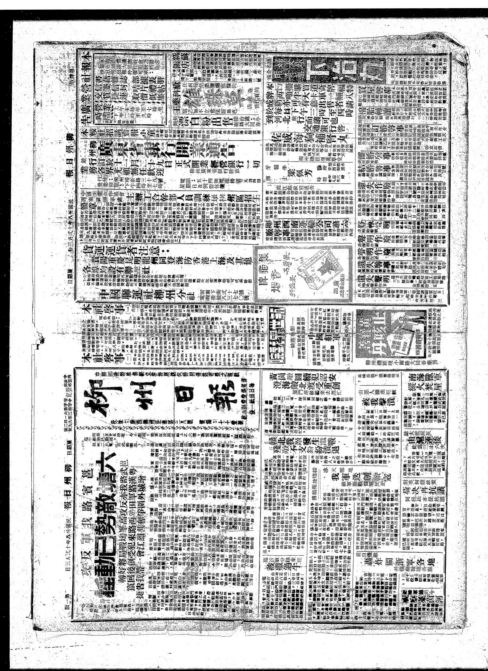

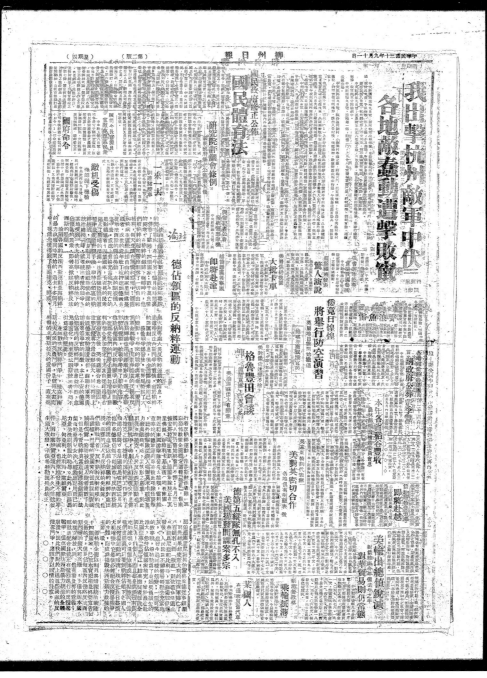

1941 年 9 月 11 日《柳州日报》（第二版）报道抗日前线情况

1941 年 9 月 24 日《柳州日报》（第二版）报道抗日前线情况

滇西戰事愈趨激烈

打洛我軍轉進打猛籠在激戰中

信陽我軍目的達成已完全撤返

對淪陷區產糧轉移
經濟部決嚴加限制
配合豐國宣言申前令

縱觀新約
英嚴城發表談話

論　斬伐日寇侵署根本

英德臺軍互炎

頭田聖人

舉行宣誓就職

救濟豫災！

英懷鎮聾河恰布

新疆省黨部　昨宣告成立

敦煌藝展

限價憂慮前途　已呈光明遠景

新聞錦碑

1943 年 1 月 17 日《柳州日报》（第二版）报道抗日前线情况

二、第四战区长官司令部中共特支

1937 年 10 月，根据中共中央军委副主席周恩来的指示，在国民党第八集团军战地服务队建立了中共特别支部（以下简称"特支"）——第四战区长官司令部中共特支，并在中共中央长江局（后为南方局）的领导下，长期隐蔽在张发奎军中秘密活动。先后在特支工作的共产党员有 22 名，总负责人为左洪涛，在柳州时有党员 13 名。1940 年 1 月，第四战区长官司令部从广东韶关迁来柳州，设在柳州市郊窑埠村。中共特支成员也随迁至柳州。

在柳州期间，第四战区长官司令部中共特支积极开展抗日工作，如宣传和组织抗日救亡运动，对张发奎及其高级军官进行统战工作，协助安排转移过往柳州的中共党员和进步人士，营救越南领袖胡志明等。

第四战区长官司令部中共特支旧址（柳州市蟠龙山东面山脚）

左洪涛（1906—1990），湖南邵阳（今属邵东）人，第四战区长官司令部中共特支总负责人，黄埔军校第六期毕业。1927年加入中国共产党，1939年初任张发奎机要秘书

孙慎（1916—2021），浙江镇海人，1940年任第四战区长官司令部中共特支书记。孙慎在柳州4年多的时间里，除在第四战区长官司令部正常工作外，还与柳州的中共地下党工作者一起组织歌咏团体，开展抗日歌咏活动等

郑黎亚（1919—2013），江苏海门人，1942年任第四战区长官司令部中共特支代理书记。中华人民共和国成立后，历任中共广州市委副秘书长、广州市直机关临时党委第一副书记等

吴仲禧（1895—1983），福建福州人，第四战区长官司令部军法执行监，抗战爆发前夕秘密加入中国共产党，长期潜伏于国民党军中从事秘密工作

吴石（1894—1950），福建仓山人，第四战区长官司令部参谋长、军政部主任参谋兼部长，1949年8月去台湾，后任国民党国防部参谋次长，是长期潜伏于国民党军中从事秘密工作的中共党员

陈宝仓（1900—1950），河北遵化人，任第四战区长官司令部副参谋长兼靖西指挥所主任、国防部中将高参等职，长期潜伏于国民党军中从事秘密工作

三、抗敌演剧宣传队在柳州

1941 年 1 月，国民党发动皖南事变，第二次反共高潮达到最高峰。面对严峻险恶形势，周恩来指示桂林八路军办事处紧急部署撤退工作，妥善安排与各地党组织的联络工作，迅速疏散在桂林的进步文化人士。1941 年 1 月 20 日，桂林八路军办事处被迫撤销。之后，中共中央南方局在桂林组建中共桂林统战工作委员会，继续开展上层统战工作和文化工作。

皖南事变后，《新华日报》刊登的周恩来题词（右下角）

1939 年底和 1940 年初，抗敌演剧第九队和第一队先后来到柳州。第九队党组织关系原隶属中共南方局领导，于 1941 年改番号为抗敌演剧宣传五队（简称"剧宣五队"）。第一队党的组织关系原隶属八路军驻桂林办事处领导，后由于皖南事变，办事处被迫撤销，改番号为抗敌演剧宣传四队（简称"剧宣四队"）。剧宣四队、五队的组织关系交给第四战区长官司令部中共特支负责人左洪涛。

丁波（生卒年不详），1939 年任抗敌演剧第九队支部书记

孟启予（生卒年不详），1940 年任抗敌演剧第一队支部书记

舒模（1912—1991），1941 年任抗敌演剧第一队支部书记

剧宣四队、五队在柳州期间，广泛与群众接触，利用演剧、歌咏、壁报、宣传画等多种形式，把各方面力量都团结到抗日民族统一战线上来。

抗敌演剧第一队（剧宣四队前身）在柳州天荡萍合影

1940 年 7 月抗敌演剧第九队（剧宣五队前身）在柳州驻地留影

1942 年剧宣五队在柳州大龙潭部队宿舍前留影

四、隐蔽在柳州沙塘的共产党员

抗战时期，隐藏在沙塘的共产党员有陶保桓、陆明才、牟一琳、赖志廉、何康、郑达、唐最培、林山、唐川、贺善文、林宏元、何彦爽、莫非、黎敦良、覃雪汉、吴启增、龚健武等。中共地下党在沙塘组织青年学生开展抗日救亡运动，宣传中共中央的抗日主张与策略，同破坏抗日民族统一战线的恶行进行斗争。

陶保桓

牟一琳

何康

林山

贺善文

龚健武

唐川

郑达

第二单元　中国共产党掀起柳州抗日救亡运动的高潮

抗日战争初期，作为大后方的柳州，与全国各地汇集而来的仁人志士一道，在中国共产党抗日民族统一战线的感召下，纷纷行动起来，组织各种救亡团体，以各种形式积极投入抗日救亡运动中。

一、抗日救亡团体

抗日战争期间，柳州涌现出了由各种爱国人士组成的救亡团体，如柳江战时儿童第二保育院、黎明剧社歌咏团等，在柳州的抗日救亡运动中作出了重要贡献。

1938 年 12 月 8 日，黎明剧社歌咏团和柳州文化界抗日救亡协会剧团会同上海"八一三"歌咏队举行"一二·八"大公演

柳州各主要抗战团体简介

团体名称	主要负责人	组织简介
柳江县抗战后援会	（不详）	系柳州各抗战团体和单位的联合组织，由柳州文化界救亡协会、县救亡歌咏团、县商会、广西大学农学院、柳州银行、省立公医院、柳州机械工会等出任理事，柳州军医院、柳州日报社等任候补理事，主要职责是协调各团体、单位的抗战活动
柳州文化界抗日救亡协会	主席：乐嗣炳、高天骥	1938 年 12 月 25 日成立，会址设在柳州日报社（社长由杨盟县长兼任，后为高天骥接任），共有 100 余人，是柳州文化团体、单位的联合救亡组织，组织和参加了一系列抗战活动，是柳州最著名的抗战团体
柳州救亡歌咏团	团长：李伟诗	1938 年 12 月 18 日成立，有团员 70~80 人，出版有《怒吼》，主要剧目有《重逢》《面包》《咱们要反攻》等，并组织和参加了各种公唱、义卖、宣传等抗战活动，是柳州著名抗战团体

团体名称	主要负责人	组织简介
柳江学生抗敌后援会	主席：刘文庆	由广西大学农学院、龙城中学、柳州中学的师生联合组成，出版有《柳江学生》（旬刊），主要抗战活动有宣传、演出、下乡、慰问军人及家属等
柳州妇女战时后援会	主席：高幼华、王受琪	由柳州各界妇女组成，编辑有《三八节特刊》及《儿童节特刊》，组织了柳江战时儿童第二保育院"三八节"纪念大会和儿童节纪念大会，以及一系列筹款义卖、宣传、慰问受伤官兵和军人家属等抗战活动
柳江工人抗战后援会	主席：徐雨川	由机器、缝纫、理发、肩挑、香作、织布等行业的工会组织组成，举行各种抗战联合宣誓，制定各种抗战公约等
龙城中学	校长：高天骥	柳州市的私立中学，首创了柳州"保卫大华南火炬巡行"抗战活动。于1938年10月15日成立"晨钟剧团"，主要话剧有《女性之光》《女性的呐喊》《出发之前》，同时也组织和参加了一系列捐款、义卖、宣传等抗战活动。
广西学生军第一团第六中队	参谋长：李家本	1939年3月4日由桂林徒步来柳州，主要参加了一系列前线后方服务、农村工作、火炬巡行及抗战宣传等。1939年4月离开柳州，步行至桂林地区
柳江县商会	负责人：梁英、邓寿山、谭竹铭、谭仲华等	由平码业、疋头业、洋杂业、杂货药材等行业共同组成，主要抗战活动有义捐、宣传、集会、组织防空等
第四战区长官司令部战时工作队第五大队	负责人：蒋贵夫、谈星（何承蔚）	由上海"八一三"歌咏队、广州兰白剧团、广州儿童剧团三个团体在广州联合组成。广州沦陷后徒步至柳州活动，后因经费问题在柳州解散，各自独立活动；集体加入柳州文化界救亡协会，参加了柳州一系列抗战活动
广州儿童剧团	团长、指导员：谈星（何承蔚）	1937年9月18日成立于广州，共有团员100余人，为华南儿童救亡生力军。1939年初到柳州，1939年4月16日离开柳州步行去桂林。主要活动有办平民夜校、儿童识字班，开展义捐义卖、演唱宣传等活动，主要剧目有《少年进行曲》《打日本》《仁丹胡子》《古庙钟声》等
广州兰白剧团	（不详）	由广州迁至柳州，参加柳州救亡剧社工作。主要剧目有《梦游北平》《古城的怒吼》等
上海"八一三"歌咏队	队长：蒋贵夫	由广州迁至柳州，参加柳州救亡剧社工作。编唱有《纪念"一·二八"歌》，举办过"战士摄影展览"，参加了柳州一系列抗战活动，后离开柳州赴外地开展抗日活动

二、抗日救亡报刊

在中国共产党的领导下，进步报刊机构利用新闻的合法地位担负起宣传坚持抗战、坚持团结、坚持进步、坚持必胜的任务。根据斗争的需要适时发表文章，引导舆论，在社会上产生了很大的影响。

1938 年 10 月 16 日《柳州日报》副刊

抗日救亡报刊是推动抗日救亡运动的舆论工具和号角。由于日军的不断入侵，大量新闻机构往西南方向疏散，柳州的新闻机构在这一时期增加到 10 多家，其中影响较大的有《柳州日报》《真报》《阵中日报》等。

三、抗日救亡文艺

抗日战争时期，柳州文艺工作者运用文艺武器，通过小说、戏剧、诗歌、音乐、美术等各种形式，控诉日军的暴行，并揭露国民党顽固派消极抗战、积极反共的阴谋。

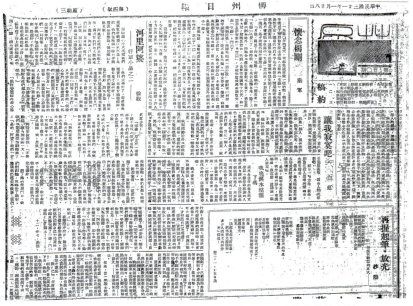

1942年1月28日《柳州日报》副刊"草原"刊登抗战题材小说

剧宣五队在柳州演出《愁城记》剧照

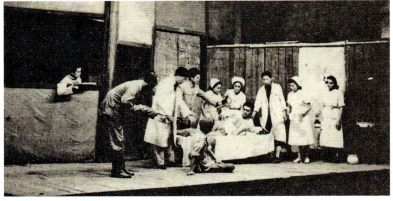

剧宣四队演出话剧《蜕变》剧照

1941年6月6日《柳州日报》刊登宣传抗日救亡的木刻作品

龙城中学合唱团

四、抗日救亡募捐

抗日战争期间，柳州人民通过多种形式踊跃募捐，参加捐献的人员不分阶层、不论职业，男女老幼齐上阵，汇合成一支浩荡的献金大军，表达了柳州人民极大的爱国热情和对日本侵略者的无比仇恨。

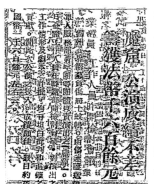 

1940年5月26日《柳州日报》报道，由柳州伤运护送队、军人服务队等组织义演《魔窟》，共得国币1600余元并全部捐出，用于购买负伤将士用的蚊帐

1941年11月13日《柳州日报》报道，1941年10月17日至11月12日，柳州抗战劝募队开展"筹款救国"活动，向流动商人募足战债150万元

1941年11月17日《柳州日报》报道，柳江干训团于11月16日举行献机捐款竞赛活动，共捐3280元

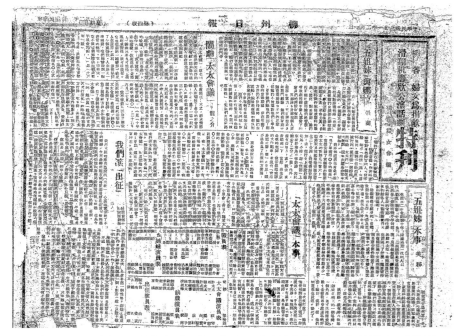

1942年2月1日《柳州日报》报道，柳州妇女界公演独幕剧《出征》等剧目，所得收入5448.9元全部献出购买"妇女号"滑翔机

1942 年 3 月 22 日《柳州日报》报道，剧宣五队在柳州演出《愁城记》，将所得收入全部捐献购买"剧人号"滑翔机

1942 年 8 月 15 日《柳州日报》报道，1942 年 8 月 14 日，柳州举行"八一四"空军节纪念大会，4 日内献金总数达 30 万元。

1944 年 7 月 7 日，第四战区长官司令部中共特支的党员联合柳州各界群众团体和文艺团体的进步力量，发起了有数千人参加的"保卫大西南""保卫广西"的"国旗献金劳军大游行"，共募得捐款近 40 万元。

第三单元　中国共产党领导和推动的柳州抗日武装斗争

日本侵略者对柳州的侵略，激起了柳州人民的强烈反抗。在中国共产党的领导和推动下，柳州各地纷纷组织武装队伍，建立了融县抗日挺进队、融县抗日挺秀队等抗日武装队伍，开展多种形式的抗日武装斗争。

一、中共广西省工委在柳州的活动

1942 年"七九"事件后，中共广西党组织把工作重点转移到农村，进行了艰苦卓绝的斗争。1943 年初，中共广西省工委代理副书记黄彰在柳江县穿山乡板塘村开办了一个瓦厂，以瓦厂为据点，以瓦厂老板的身份为掩护指导工作。

1943 年 3 月 15 日至 18 日，中共广西省工委在武宣通挽召开桂中南、桂西南部分党员骨干会议。会上交流了各地党的工作情况。会后，路璠到柳北整顿、发展党组织。

1944 年 8 月，中共广西省工委作出了开展抗日武装斗争的《八月决定》，明确了广西党组织当前的中心任务，即"一切为了建立抗日武装""一切为了发展游击战争"，并对广西开展抗日武装斗争提出最高要求——创建敌后抗日游击根据地。之后，中共广西省工委派庄炎林到柳州地区传达《八月决定》精神。

黄彰（1901—1945）

庄炎林（1921—2020）

柳州市柳江区穿山镇板塘村的中共广西省工委据点旧址

二、抗日武装斗争的开展

融县抗日挺进队

1944年9月，日军再次进犯广西，中共广西省工委和各地党组织迅速在各地组建抗日武装。12月，司马文森等从融县（今融安县）县长处取得"融县自卫队第二分队"番号，这是中国共产党在柳州北面的第一支抗日武装，后更名为"融县抗日挺进队"。《八月决定》发布后，中共桂林文化支部、中共《柳州日报》特支、中共融县特支于1945年1月在融县成立中共桂北临时联合工委，由罗培元总负责，统一领导柳北地区的抗日斗争。

融县抗日挺进队队部旧址——南岸秦氏宗祠

卢起（生卒年不详），融县抗日挺进队主要领导人之一

杨繁（生卒年不详），融县抗日挺进队主要领导人之一

陶保恒（1908—1970），融县特支代表

融县抗日挺进队和镇国政工队部分战友抗战胜利后在柳州琴园合影

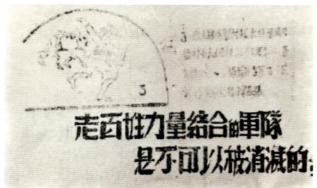

抗日宣传画

1945年2月5日，融县自卫队第二分队在大扁洲设伏截击日军运盐船队，共缴获木船9艘，食盐2万多斤。2月19日，队伍改称"融县抗日挺进队"。

当时的大扁洲

1945年5月29日，融县抗日挺进队在融江滩底高沙屯至石浪码头一带伏击由融县向柳州撤退的日伪军，大获全胜。

当时的石浪码头

1945年5月29日，融县抗日挺进队在融江边的石人岭伏击日军。

当时的石人岭

融县抗日挺秀队

1945年1月，中共桂北临时联合工委派融县特支副书记莫矜率3名党员，到融县北部建立抗日武装、开辟新区。1945年2月，成立融县抗日挺秀队。融县抗日挺秀队成立后，多次主动出击敌人，成为融县北区保卫家乡的核心力量。

1945年5月下旬，融县抗日挺秀队在浪溪河伏击日军并取得胜利。

莫矜故居

当时的浪溪河

融县抗日挺秀队部分战友合影

镇国政工队

1945 年，中共桂林文化支部书记司马文森推动成立镇国政工队。郑思为中共桂林文化支部、镇国政工队主要领导人之一。

司马文森（1916—1968）　　郑思（1917—? ）

镇国政工队成立后，参加了寺门阻击战，并开赴柳城县中岩、洛崖、冲脉、六塘等地进行文艺演出，运用各种形式进行抗日宣传。

镇国政工队创作的歌曲《群众的力量最伟大》　　镇国政工队创作的歌曲《"镇国"政工队队歌》

柳州日报警卫队

1945 年 1 月，柳州日报社在罗城县龙岸乡下株屯成立柳州日报警卫队（对外名称"桂北行署直属警卫队"），共 60 余人，罗培元任队长，陈扬（陈光）任指导员。柳州日报警卫队成立后，参加了罗城县的寺门阻击战和伏击日军的战斗。

柳州日报龙岸总社旧址——下株屯覃家祠堂（原房屋已损坏）

柳州日报社特别支部部分人员合影（照片为中华人民共和国成立后摄）

柳江青年抗日挺进队

1944 年 11 月，熊柳生、石宝熙在柳江县成立柳江青年抗日联合会，发展会员 50 多人，并出版抗日油印小报《解放报》。1944 年 12 月 12 日，熊柳生、石宝熙部与韦君毅（中共党员）、梧裕茂联合组成柳江青年抗日挺进队，石宝熙任队长，韦君毅任政治部主任。

石宝熙（1920—？）

1945 年 1 月 25 日，柳江青年抗日挺进队在流山乡拉爽坳设伏，歼灭日军 20 多人。

拉爽坳现状

2005 年，石宝熙讲述当年打击日军的故事

中国共产党领导的柳州抗日武装队伍（1944 年至 1945 年 7 月）

名称	主要领导人	活动地区	主要战斗
融县抗日挺进队	杨繁、卢起	政工分队：东岭乡、潭头乡、大良乡 武装分队：高沙滩底、杨梅乡、融江南岸和北岸	大扁洲伏击战、罗头村截击战、融江伏击战等
融县抗日挺秀队	黄略、莫矜	融县北部	浪溪河伏击战、融县长安镇维持会保安大队残部围歼战等
柳州日报警卫队	罗培元、骆维强、陈光	罗城县	罗城寺门阻击战等
镇国政工队	郑思、吉联抗、司马文森	罗城县龙岸、板丈等地，融县永乐、西莫等地，柳城县洛崖、冲脉等地	罗城寺门阻击战等
桂林师范战时服务团	蔡纯华、李文松	柳城县古砦乡	古砦、龙美保卫战，沙埔奔袭战，十五坡阻击战
十锦抗日自卫队	潘桂佳、李明	十锦乡	木料村保卫战
柳江青年抗日挺进队	石宝熙、韦君毅、熊柳生、梧裕茂	黔桂线与柳邕公路夹角地带	拉爽坳战，小山伏击战、开川伏击战

第三部分

日军暴行　罄竹难书

从 1938 年轰炸柳州，到 1944 年入侵柳州，日军在柳州城及周边各县狂轰滥炸、烧杀抢掠、滥抓民夫、奸淫妇女、投放病菌、埋雷焚城，无恶不作。日军以极其野蛮残暴的手段，制造了一件件惨绝人寰的血案，其滔天罪行罄竹难书。柳州沦陷前后，湘桂两省伤亡惨重，大量难民向西撤退，被迫过上颠沛流离的生活。日军侵占柳州后，对柳州进行残酷统治，使柳州人民的生命和财产遭受了巨大伤害和损失，使柳州社会生产力遭到空前破坏，也给柳州人民带来了无法抹平的战争伤痛。

第一单元　日军第一次入侵广西

　　1939 年 11 月至 1940 年 11 月，日军第一次入侵广西。作为西南水陆交通要道的柳州，既是中国空军与苏联、美国空军联合对日作战的重要基地，又是湘桂、黔桂铁路的重要交通枢纽。因此，在日军入侵广西前，柳州就已成为日机袭击和轰炸的目标。

　　1939 年 11 月 15 日，日军在钦州湾登陆，占领钦州、防城、合浦、灵山后向北推进，侵占桂南 19 县。

日军船只在钦州湾行进

1939 年 11 月 16 日，日军台湾混成旅团在钦州湾登陆

1938 年 1 月 10 日，柳州机场首遭日机轰炸

遭日机轰炸后的柳州城，只剩下杂乱的废墟与残破的楼房

遭日机轰炸后的柳州战备物资运输线

1939 年 7 月 9 日《柳州月报》报道日军轰炸柳州的情况

1939 年 1 月 9 日《柳州日报》刊载力夫的诗配画《我的小孩子》

1939 年 7 月 16 日《柳州日报》报道日军轰炸柳州的情况

1938—1944 年，日军共出动飞机 66 批次、785 架次，投弹 2400 多枚，炸死军民 672 人、炸伤军民 654 人，焚毁各种飞机 102 架，焚毁房屋 4500 多间，击沉船只 20 多艘。①

----

① 中共广西柳州市委宣传部，广西柳州市文化局：《抗战中的柳州：抗战烽火中的柳州》，广西人民出版社，2005。

第二单元　日军第二次入侵广西

　　1944 年 9 月至 1945 年 8 月，日军第二次入侵广西。1944 年 11 月 10 日，日军进攻柳州城，柳州失守。由于蒋介石、白崇禧等人为保存实力，国民党第四战区司令长官张发奎无法调动部队做有效抵抗，只能命令部队略作抵抗后撤走，数十万军民仓促向桂西北方向转移。

　　1944 年 9 月至 11 月，日军先后攻陷了长沙、衡阳，大批难民经柳州转车，向云南、贵州、四川疏散。因交通阻塞，大量难民滞留柳州。

柳州疏散难民的有关报道

乘坐火车逃难的难民

柳州沦陷后，日军到处烧杀掳掠，城乡百姓被迫扶老携幼进入山洞躲避。日军发现后，对附近山洞实施火烧、熏烟、放毒气等暴行，迫害在山洞里避难的百姓。

水汶岩民众避难所旧址

　　1945年6月7日至8日，日军在沙埔和鸡母岭村曾家大院残忍杀害柳州人民50余人。

鸡母岭曾家大院废墟

日军占领柳州期间，柳州铁路、公路运输遭到破坏，日军便把人民当成运输工具，抓丁挑运军用物资和日常生活用品。成千上万的柳州百姓被强制劳作服役，无法劳作的则惨死于日军的刺刀之下。

日军入侵柳州期间关押苦役的民夫洞

日军占领柳州后，实施"三光政策"，大肆破坏柳州的工业和基础设施。

被日军破坏的工厂

被日军破坏的柳州电厂

日军撤出柳州前，有计划地纵火烧城，柳州南北两岸大小房屋 3000 余间被烧毁，未遭焚烧的房屋所有门窗、楼梯、板壁也全被拆除做引火物。日军的暴行使柳州全城十室九空，成为一片焦土。

日军刚刚撤走时的市区，一片狼藉，荒无人烟

曾经的现代建筑被焚毁后，如同废弃的砖窑

被日军炸毁的美国第十航空队在柳州市内的一座办公楼

日军撤出柳州前，为破坏军事设施，在机场各处埋下了大量地雷，企图炸毁柳州机场设施。

修复机场时被炸身亡的士兵和民工

修复机场时被炸身亡的士兵和民工

　　1944—1945 年日军侵占柳州期间城乡人员受害及房屋损失统计如下：被杀害 6595 人、被打伤 34754 人、因战乱死亡 10439 人、失踪 3540 人，房屋被烧 26764 间。[①]

---

① 柳州市地方志编纂委员会编：《柳州市志（第五卷）》，广西人民出版社，2001，第 920 页。

第四部分

全民抗战　救亡不息

在抗日战争过程中，柳州各界人民群众和爱国民主人士共同抗日，坚决打击日本侵略者。他们积极组织学生军参与抗战工作，配合当地驻军参加正面战场等，为抗战提供了大量的兵员和其他人力资源。此外，柳州的一些地方民团和爱国官兵也积极参与到围歼入侵日军的战斗中，为抗日战争的胜利作出了应有的贡献。

第一单元　军民抗战

全面抗战爆发以后，广西子弟兵奔赴全国战场，北上参加淞沪、徐州、武汉、随枣、枣宜等会战、奋勇杀敌、保家卫国，广西空军先后参加台儿庄、武汉、南昌、桂南、衡阳等会战、战役的空战。

一、出省抗日

抗战初期，广西部队主力先后参加了淞沪会战、徐州会战和武汉会战。

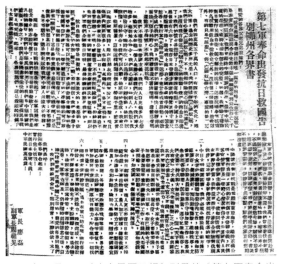

1937 年 9 月 1 日《南宁民国日报》刊登的《第七军奉命出发抗日救国告别柳州各界书》

抗战初期，出省抗日
的桂军

桂军在淞沪会战期间的战斗场面

桂军赶赴台儿庄抗战前线　　　　　　　桂军到达武汉抗日前线

　　为参加全国抗战，许多柳州儿女奔赴抗日战场英勇杀敌，忠骨埋异乡。现有据可考的柳州籍抗日英烈共 321 名。

二、省内作战

桂南会战

　　1938 年 10 月，广州沦陷。1939 年 11 月中旬日军为切断中国广西至越南的国际交通线并威胁西南大后方，先后攻占南宁，占领昆仑关，中国守军为抵抗日军侵袭，在广西桂南地区展开作战。

　　1939 年 12 月 18 日，中国军队向被日军占领的昆仑关发起攻击，并于 12 月 31 日攻克昆仑关。

昆仑关战役前中国军队备战情况　　　　　　　　中国军队的坦克车向前进击

参加昆仑关战役的中国机械化部队　　　　　　　中国军队的重机枪枪手在昆仑关前线

中国军人欢呼胜利　　　　　　　　　　　　　抗战时期的昆仑关

桂柳会战

为打通由平汉路经湘、桂两省至越南的大陆交通线，使中国大陆的日军和孤悬在南洋的日军联结起来，1944年9月，在侵占湖南衡阳后，日军由湖南、广东分兵向广西进犯。第四战区在广西的桂林、柳州等地进行防御抗敌。

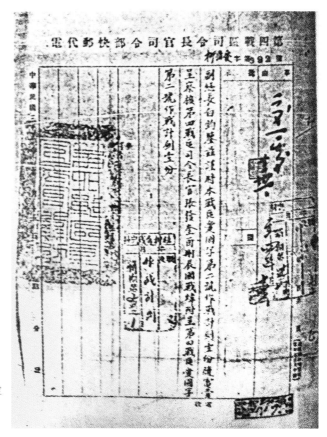

1944年10月13日第四战区制定的《第四战区作战计划》

桂林保卫战

1944年10月28日至11月10日，日军进攻桂林。柳州籍国民党军少将师长阚维雍以身殉国。

阚维雍（1900—1944），广西柳州人，国民党军少将师长（1945年被追赠为中将）

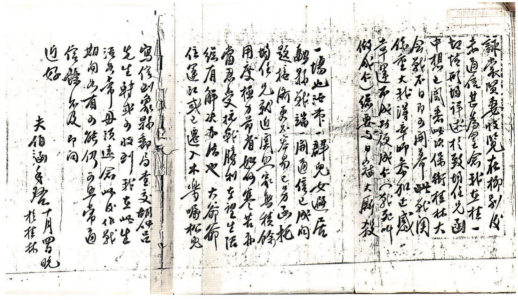

阚维雍于 1944 年 10 月 4 日写给妻子罗咏裳的遗嘱

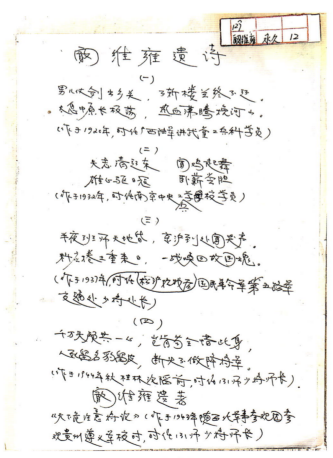

阚维雍遗诗

1984 年 11 月，柳州市人民政府将革命烈士证明书颁发给阚维雍的家属代表阚培桐

柳州阻击战

　　1944 年 11 月 5 日，日军开始向柳州发起攻势，于 5 日攻占象县，7 日占领鹿寨，8 日攻克柳城、市郊长塘、鹧鸪江车站、三门江东岸等周边要塞。为阻止日军过河，湘桂铁路管理局奉令炸毁柳江铁路特大桥。

被炸毁的柳江铁路特大桥

1944年11月8日，日军在炮火掩护下进攻蟠龙山时，遭到中国军队第四十四师一三一团顽强抵抗。连续两天的攻防战，日军始终难以突破中国军队的坚固防线。

蟠龙山旧照（1944年）

日军进攻柳州蟠龙山附近山地

柳州蟠龙山附近日军的迫击炮阵地

1944 年 11 月 9 日，日军继续向柳州南郊和市区一带发起总攻。

1944 年 11 月，中国士兵开赴柳州前线

向柳州市区突袭的日军

为抵御日军的进攻，中国军民在柳州市内各处建造堡垒

1944 年 11 月 10 日，柳州城全部被日军侵占。

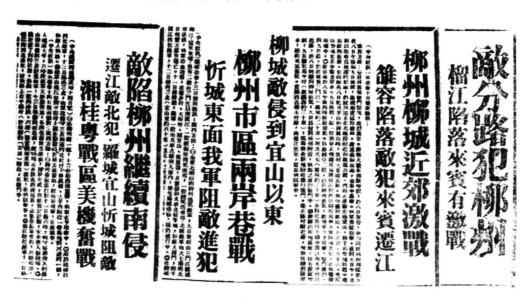

柳州沦陷前有关日军进攻柳州的报道

三、空中对战

　　1931 年，广西省政府在南宁成立广西航空管理局，筹建广西空军。1932 年，广西空军基地迁至柳州，后更名为"第四集团军总司令部航空处"。1935 年 1 月，航空处撤销，归并至航空学校，定名为"广西航空学校"，简称"广西航校"，专门培养广西空军各类人才。

广西航校学员合影

抗战爆发后，广西空军编入国民政府空军战斗序列，随即奔赴抗日战场。广西空军先后在台儿庄战役、武汉会战、南昌战役、桂南会战、衡阳会战等战斗的空战中与日机展开多次空中较量，给日本空军以沉重打击。

广西航校训练场景

广西航校办公厅办公场所

广西航校进行气象探测

韦一青（1909—1939），广西玉林人。1939年12月27日，在昆仑关战役最激烈之时，韦一青奉命起飞增援第一线。飞机刚抵达目的地，即遭数倍敌机重重包围。韦一青在击落敌机1架之后，因众寡悬殊，被敌机击中牺牲

黄莺（1912—1938），广西河池人，广西航校毕业。1938年3月25日，中国军队在完成向台儿庄日军攻击任务返航途中与敌机群遭遇，双方展开激烈空战，击落敌机7架，其中黄莺击落敌机2架。同年7月18日，黄莺驾机在南昌高空激战时，为营救苏联志愿军，被一架敌机击中牺牲

何信（1913—1938），广西桂林人。1932年考入广西航校。曾留学日本，学成后于广西航校任教。1938年3月25日，率14架战机与17架敌机激战于山东临城、枣庄上空，返航时胸部被敌弹击中牺牲

龙震泽（1916—1943），广西柳州人。1936年考入广西航校，后升任中美混合联队第三大队第八中队中尉分队长，多次参加空战，击落敌机2架，地面击毁敌机4架，在1943年7月武汉空战返航时失事殉职，被追授上尉，他的名字铭刻在中国抗日航空烈士纪念碑上

韦善谋（1907—1989），广西柳州人，广西航校毕业。1938年8月30日，22架敌机向广东南雄飞来，中国军队8架战机应战。韦善谋英勇机智，沉着冷静，驾机迎战，共击落敌机2架

吕明（1909—1999），广西柳州人，广西航校毕业。1938年8月30日，22架敌机向广东南雄飞来，中国军队8架战机应战，吕明与战友密切配合，驾机迎战，共击落敌机6架

韦鼎烈（1914—1991），广西柳州人，毕业于广西航校。毕业后在学校教务处任飞行教官。在南宁保卫战中，韦鼎烈击落敌机1架

韦鼎峙（1916—2009），广西柳州人。1934年3月，由中央军事政治学校南宁第一分校甄试转入柳州广西航校第二期飞行班。1936年5月毕业，留在校本部教务处任第三期飞行助教兼学生队队副之职。在归德空战中击落敌机1架

抗日战争时期柳州广西航校空军其他伤亡人员名单（部分）

毕业期	姓名	职别	籍贯	伤亡时间及原因
广西航校第一期毕业	韦一青	三十二中队分队长	广西容县	1939 年 12 月 27 日昆仑关空战阵亡
	马毓鑫	三十二中队分队长	广西桂林	1938 年 8 月 30 日南雄空战阵亡
	李膺勋	七中队分队长	广西陆川	1938 年 3 月 25 日归德空战阵亡
	欧阳森	七中队分队长	云南	1938 年 3 月 18 日徐州空战阵亡
	何信	八中队副队长	广西桂林	1938 年 3 月 25 日归德空战阵亡
	莫休	八中队分队长	广西阳朔	1938 年 3 月 25 日归德空战阵亡
	吕天龙	七中队中队长	广西陆川	1938 年 4 月 4 日徐州空战受伤
	韦鼎烈	三十二中队分队长	广西融安	1938 年 8 月 30 日南雄空战受伤
	朱嘉勋	三十二中队中队长	广西桂林	1938 年 8 月 30 日南雄空战受伤
	韦善谋	三十二中队飞行员	广西柳州	1938 年 8 月 30 日南雄空战受伤
	杨永章	三十二中队飞行员	广西兴安	1938 年 8 月 30 日南雄空战受伤
广西航校第二期毕业	赖崇达	七中队飞行员	广西南宁	1938 年 8 月 18 日于衡阳机场被日机轰炸牺牲
	梁志航	七中队飞行员	广西宾阳	1938 年 4 月 10 日归德空战阵亡
	周纯	七中队飞行员	广西兴安	1940 年飞行失事殉职
	黄莺	八中队分队长	广西宜州	1938 年 7 月 18 日南昌空战阵亡
	李康之	八中队飞行员	广西苍梧	1938 年 5 月 17 日空战后返航时失事殉职
	何觉民	三十二中队分队长	广西容县	1941 年 4 月铜梁空战阵亡
	蒋盛祜	三十二中队飞行员	广西兴安	1938 年 1 月 8 日南宁空战阵亡
	莫更	三十二中队飞行员	广西蒙山	1938 年 7 月 11 日武汉空战阵亡
	庞健	三十二中队飞行员	广西陆川	1937 年 12 月飞行失事殉职
	吴汝鎏	三大队大队长	广东江门	1938 年 8 月 30 日南雄空战阵亡
	韦鼎峙	七中队飞行员	广西融安	1938 年 3 月 25 日归德空战受伤
	黄名翔	八中队飞行员	广西靖西	1938 年 3 月 25 日归德空战受伤
	江秀辉	八中队飞行员	广西蒙山	1938 年 3 月 25 日归德空战受伤
	莫大彦	八中队飞行员	山东滕川	1938 年 8 月 18 日衡阳空战受伤
	唐信光	三十二中队飞行员	广西桂林	1938 年 8 月 30 日南雄空战受伤
	周廷雄	五大队分队长	广西百色	1941 年成都空战受伤
广西航校爆射训练班毕业	龙滚	三十四中队轰炸员	广西横州	1944 年越南谅山空战阵亡
	韦汉生	三十四中队轰炸员	广西南宁	1940 年汉口空战阵亡
	周锡祺	三十四中队轰炸员	广西田东	1940 年轰炸敌阵空战阵亡
	陈竞均	三十四中队轰炸员	广西玉林	1944 年越南谅山空战阵亡
	杨权	三十四中队轰炸员	广西南宁	1940 年汉口空战阵亡
	李汉明	三十四中队轰炸员	广西南宁	1941 年飞行失事殉职
	梁建名	三十四中队轰炸员	广西崇左	1941 年迫降殉职

注：资料来源于《中国空军史料》第七辑，陆光球《广西空军抗日空战记》。

第二单元　广西学生军

1936年6月下旬，广西当局成立广西学生军。至1938年，广西先后组织了3届学生军，这是一支由中共党员和进步分子起骨干作用的半武装抗日救亡队伍。许多柳州籍学生军奔赴前线，配合正规军英勇作战。

《广西学生军军歌》

星期四　民廿八年四月六日

告別柳州各界人士書

廣西學生軍第一團第六中隊全體同志謹啟廿八、四、六

廣西學生軍第一團第六中隊的全體同志

總部組織學生軍團

由各區廣爲招收青年學子途團受訓

1938 年 10 月 30 日《柳州日报》刊载的组织学生军的报道

柳州日報　星期六　民國廿七年十一月廿六日

歡送學生軍赴桂林集訓 特刊

柳江縣學生抗敵後援會

獻給投效學生軍的同學們的幾句話

——村夫——

廿七年十一月廿三日於西大農院新宿舍

1938 年 11 月 26 日《柳州日报》刊载《柳江县学生抗敌后援会欢送学生军赴桂林集训特刊》

1939 年 4 月 6 日《柳州日报》刊登《告别柳州各界人士书》

1936 年 6 月，广西当局组建第一届广西学生军，从事抗日救国宣传。

广西第一届学生军部分成员留影

1937 年 10 月 12 日，广西当局组建第二届广西学生军。这届学生军有来自大中学校的学生 300 多人，其中中共党员 10 人，建立了中共学生军支部。

广西第二届学生军女队员阵容

1938 年 2 月，广西第二届学生军由武汉开赴抗日前线

1938 年 11 月底，广西当局组建第三届学生军。这届学生军有 4200 多人，分 3 个团，其中中共党员 100 人。

广西第三届学生军阵容

广西学生军为群众开办的阅览室

广西第三届学生军在安徽合影

　　1940 年 8 月底至 9 月初，广西第三届学生军中参加军民合作站的第三大队队员被分配到军民合作站柳州总站等地工作。

广西第三届学生军队员在驻地留影

◀ 赵素娥（1921—1941），广西柳州人。1936 年在柳州中学读书，1937 年参加广西学生军，1938 年加入中国共产党。1941 年 7 月，在一次反扫荡的战斗中不幸被俘，于 11 月被敌人活埋，年仅 20 岁

陈守善（1921—1947），广西柳州人。与赵素娥是柳州中学同学和学生军战友。1937 年参加广西学生军；1938 年春随广西学生军开赴安徽大别山前线；1939 年加入中国共产党；1940 年转入新四军，在江苏盐城、淮海地区从事民运和新闻工作，任《淮海报》记者；1942 年夏任中共涟水县委敌工部部长 ▶

第三单元　民众抗敌

　　抗日战争期间，柳州各地民众也在中国共产党抗日民族统一战线的伟大旗帜召唤下踊跃抗敌，用各种方式打击日本侵略者。大量热血侨胞回国参战，当时柳州的过境归侨一度达到三四万人。

　　柳州城乡民众自发地用伏击、袭击、刺杀、暗杀等方式对付日本侵略者，破坏日军的军用设施，夺取日军的军用器械，给日本侵略者以有力打击。百子坳位于柳江县里高镇境内，地势险要。1945 年 6 月 16 日，当地军民在此伏击日军。

百子坳现状

韦作爱（当年在百子坳战斗中英勇砍杀日军）　　　　　为抗击日军，柳州民众帮助部队挖战壕

1945年2月20日，日军300余人围攻泗角村（位于今柳州市柳北区石碑坪镇）。该村群众和中共党员配合驻村的中国军队坚持抗击敌军，使之无法冲入村内，战斗至当天下午，击毙日军多人。

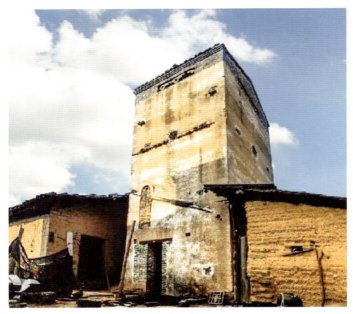

泗角碉楼

1939年2月，3200名南洋华侨机工放弃优越的生活条件，回国投身抗日战争。他们与国内机工一道运送10万名中国远征军入缅作战，在敌机的追踪轰炸下抢运军用物资，抢修大量的军用、民用车辆，以鲜血和生命为代价，保障滇缅公路的畅通。

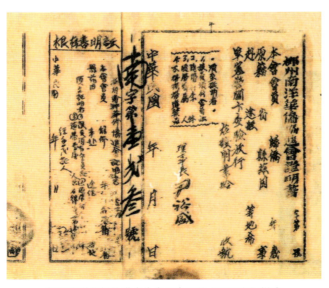

柳州南洋华侨协进会为会员出具的"证明书"样式

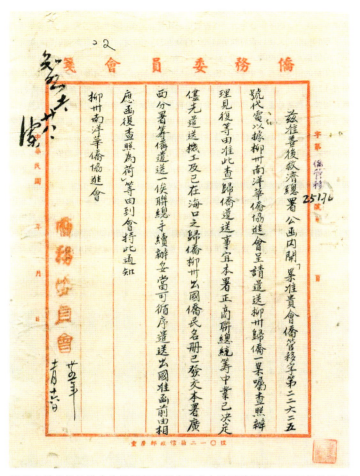

僑務委員會會箋

兹准善後救濟總署公函內開「案准貴會僑管移字第二三六五號代電以據柳州南洋華僑協進會呈請遣送柳州歸僑一案囑查照辦理見復等由准此查歸僑遣送事宜本署正商聯總籌中業已決定儘先遣送機工及已在海口之歸僑柳州出國僑民名冊已發交本署廣西分署籌備遣送一俟聯總手續辦妥當可循序遣送出國准函前由相應函復查照為荷」等因到會持此通知

柳州南洋華僑協進會

中華民國　年　月　日

僑務委員會

柳州南洋华侨协进会为滞柳归侨联合请求自陆路遣送返回原侨居地的代电文稿

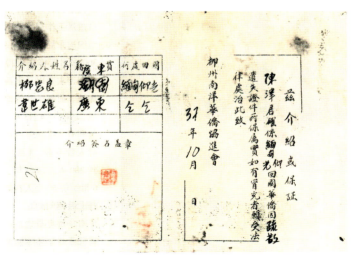

介紹人姓名	籍貫	何處回國
柳當良	廣東	緬甸仰光
章世雄	廣東	仝仝

介紹簽名蓋章

柳州南洋華僑協進會

兹介紹或保証陳洋君確係緬甸仰光回國華僑因疏散遺失證件茲保屬實如有冒充者繩交法律處治此致

31年10月　日

柳州南洋华侨协进会为遗失证件的华侨陈津君出具的保证书

第五部分

军工重镇　农事中心

全面抗战爆发后，我国沿海经济发达地区和大中城市几乎全被日军占领，为保住国家的经济命脉，大量工厂和企业迁到四川、湖南、广西、陕西等省。这为保存民族工业、支援抗战的军需民用和夺取抗日战争的胜利起到重要的作用。因便利的地理位置，柳州很快成为大后方的工业重镇。与此同时，由于避战疏散，大批农学专家、教授来到柳州，柳州因此成为全国农学专家、教授继续教学和研究的重要阵地之一，柳州农业得到了迅速发展。

第一单元　实业和交通

　　20世纪20年代至30年代，随着抗战期间湘桂、黔桂铁路和公路的相继开通，柳州成为广西实业、交通、市政建设的重点城市，沦陷区一大批官办、民办企业纷纷移驻柳州。除有众多的私营企业外，柳州还相继建成了柳州机械厂、广西酒精厂、防毒面具厂、纺织厂等公立企业，柳州很快成为战时西南地区的重要工业城市。

一、广西工业重镇

　　伍廷飏在任广西省建设厅厅长期间，招募北流、容县等地农民到柳州沙塘、无忧、石碑坪三地移民垦殖；主持修建柳州的公路并进行城区规划建设；倡办平民工厂、广西酒精厂、柳州机械厂、柳州电力厂等。

伍廷飏（1893—1950）

柳州机械厂

1929 年 1 月柳州机械厂建成投产，是广西最早的官办企业之一，该厂资本投入相当于广西其余 32 家机械修理厂总和的 3 倍，其规模可跻身全国机械行业前列。1931 年更名为"广西机械厂"，开始制造、组装飞机及步枪、炸弹、手榴弹等。

1933 年 12 月，广西机械厂成功组装了广西的第一辆汽车——木炭车。木炭车的试制成功，开创了广西生产汽车的历史。

20 世纪 30 年代的广西机械厂（原柳州机械厂）大楼

广西第一辆汽车

广西酒精厂

在柳州建立的广西酒精厂被称为"中国创办酒精事业之最大而最早者"(《中国工程师学会广西考察团报告》)。1934年春,广西酒精厂为解决广西汽油短缺等问题,试制出汽油与酒精混合的引擎燃料,达到替代汽油的水平。

20 世纪 30 年代的广西酒精厂

广西酒精厂厂区

广西酒精厂的生产机器（从左至右依次为玉米脱粒机、糖化锅、蒸馏塔）

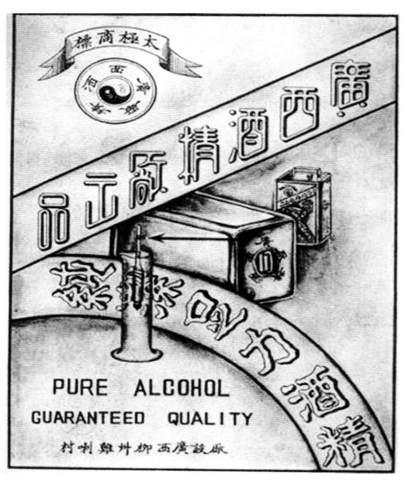

广西酒精厂"太极"牌酒精的广告

1937年至1944年柳州公私营企业一览表（知名商号）

产业名称	商户数量	知名商号
机器制造业	56	捷和钢铁厂柳州分厂、广西机械厂（广西企业公司机械厂，原柳州机械厂）、黔桂铁路鹅山修理厂、艺兴机制厂、桂绥第三军械机器生产合作社、中国植物油料柳州铁工厂
纺织业	300	天伦绸布、恒泰绸布、大昌绸布、柳江第一织布工合社、柳州机工纺织厂、柳江第二织布工合社、柳江第三织布工合社
服装车缝业	75	
铜器制造业	1	
木器制造业	19	柯茂江、华益木厂、两广杉木行、友谊行、材丰隆木厂、瑞成机器锯木厂、柳州机器锯木厂、美新制木厂
竹器制造业	37	黄元利
藤葵草编业	4	
制革（鞋）业	14	周宝源、永合、李荣昌、柯茂昌、柯兴隆、郭兴记、伍元昌、新中皮革厂、东城鞋厂、香港金城、钟连科
造纸业	1	
文教用品业	1	老文堂笔社
印刷业	15	同人石印社、觉非石印社、民生印刷厂、光华印刷材料油墨厂、《柳州日报》印刷工场、广西企业公司印刷厂柳州分厂
烟草业	27	新华烟厂、大陆烟厂、中亚烟厂、中孚烟厂、广全烟厂、天生烟厂、福兴华烟草厂、亚细亚烟厂、香港烟厂
面粉业	2	飞轮面粉厂
酒精制造业	2	广西酒精厂
制药业	135	大同春药房、黄宝善制药厂、马两益中药店、万安堂药铺、广生堂药房
度量衡制造业	5	
摄影业	5	荣芳楼
玻璃制造业	7	光明玻璃厂、联中化学工业有限公司玻璃厂、巨华玻璃厂、合兴隆玻璃器皿厂
染洗业	3	广西染织厂
日用化工业	5	亚洲枧厂、中国美的化学工业社、大公枧厂、利成枧厂、天成枧厂、广亚肥皂厂
糖果食品加工业	50	介丰云片糕、李伯马蹄糕、老钟发糕、大吉祥、杨福昌、凌生记、安乐园
橡胶业	1	利华蒸汽机补胎厂
制糖业		砂糖精制所、曾全盛糖业、岭南炼糖厂
日用五金		何兴隆、肖联兴、钱万利、三和轩、权昌号
工艺美术		宝兴金号、永和金号、维记老天金号、丽光镜店、钱明号、天宝湘绣厂
造漆		中美油漆厂
油料加工		中国植物油料厂
酱料业	35	福兴祥、吉祥酱园、董太和酱园、永和酱园、同兴正记酱园、和顺兴酱园

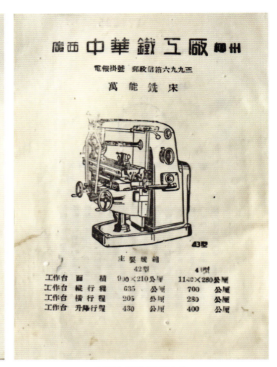

捷和钢铁厂柳州分厂广告

广西中华铁工厂广告

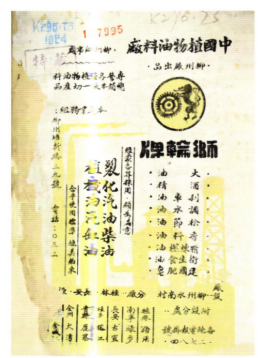

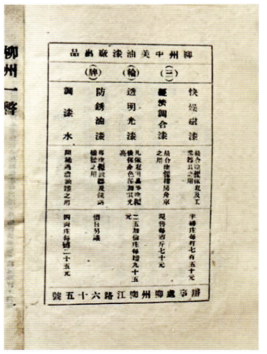

"狮轮"牌精煤油、酒精、火油、松节油等产品
广告

"三轮"牌系列漆品广告

二、战时重要交通枢纽

抗战期间，随着湘桂、黔桂铁路和公路的相继开通，本是西南水路交通要道的柳州，成为战时重要的交通枢纽之一，有力支援了全国抗战。

修筑湘桂铁路

湘桂铁路是抗战时期国内修建的第一条铁路干线，起点湖南衡阳，进入广西境内经全州、桂林，在柳州越过柳江，终点是镇南关。湘桂铁路1937年9月开工，1939年12月通车，为桂南会战昆仑关大捷所需装备、兵力运输提供了强有力的保障。

修筑湘桂铁路柳州段时，劳工们在极其艰苦的环境下运送材料之一

修筑湘桂铁路柳州段时，劳工们在极其艰苦的环境下运送材料之二

湘桂铁路的技术人员在验收枕木

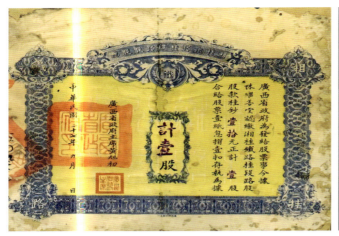

1938 年 9 月发行的湘桂铁路桂段路股股票

凌鸿勋（1894—1981），广东番禺人，湘桂铁路桂南段工程局长兼总工程师

柳江铁路特大桥位于湘桂铁路柳州北至柳州站间，连接湘桂、黔桂铁路，为铁路单线桥。始建于 1939 年 10 月，1940 年 12 月建成半永久性钢轨桥，是当时广西境内最长的铁路特大桥。1944 年 11 月 7 日晚，湘桂铁路管理局奉国民党军队命令，在日军入侵前将柳江铁路特大桥炸毁。

被炸毁的柳江铁路特大桥

中华人民共和国成立后重新修缮过的柳江铁路特大桥

修筑黔桂铁路

黔桂铁路是抗战时期从贵阳到柳州的重要铁路交通线。1939年开始在广西境内开工，1942年修筑贵州泗亭至独山段，1943年5月铺轨至独山段。1943年6月6日，黔桂铁路正式通过柳州站与湘桂铁路接轨联运。

黔桂铁路枕木制作现场

黔桂铁路柳州段修筑现场

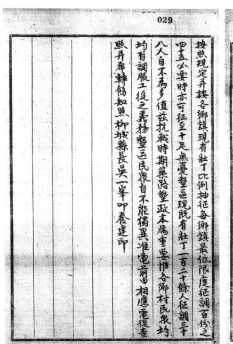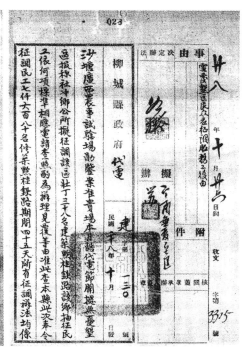

柳城县县长吴一峰关于征调修筑黔桂铁路民工致广西农事试验场的代电

抗战时为修筑黔桂铁路而创作的《筑路歌》

第二单元　柳州的军工企业

全面抗战开始后，广西根据当时"统一财政，统一军工厂建设"的精神，将柳州机械厂和柳州制弹厂交由国民党中央政府统一管理。同时期，柳州境内还由外地迁入和新建了第四十一兵工厂、第四十二兵工厂、地雷厂等兵工厂。

一、第九飞机修理厂

1931 年，广西机械厂（原柳州机械厂）开始制造、组装飞机及飞机所用的炸弹、手榴弹等，成为一家以制造军工产品为主的工厂。七七事变后，广西机械厂改为中央航空委员会第九飞机修理厂。

广西机械厂制造、装配的双翼教练机

1937 年 4 月 29 日，由朱荣章设计的双翼单座驱逐机——"广西 3 号"驱逐机，后被誉为"朱荣章"号，在柳州试飞成功。

朱荣章（左）与试飞员陆光球（右）合影

朱荣章（生卒年不详），广东开平人，旅美华侨。原美国波音飞机工厂设计师，在孙中山先生"航空救国"思想的鼓舞下，毅然回国为祖国的航空事业效力。1932 年 8 月任广西机械厂工程师。1937 年任广西机械厂厂长，曾仿制亚维安 616 型初级教练机和凯迪式中级教练机并自行设计制造广西第一架双翼单座驱逐机"朱荣章"号

1941 年 11 月 26 日，中国军队在广东雷州半岛东南海岸缴获第一架完整的日本三菱 A6M2 "零"式舰载战斗机（又称"零"式战斗机）。1942 年夏末，由第九飞机修理厂的机械师与美国空军专家在柳州共同修复这架缴获的战机。1943 年初，修复的战斗机在第 23 战斗机大队

第九飞机修理厂装配飞机情景

P-40K 战斗机护航下从昆明飞往卡拉奇，后被运至美国。

缴获的"零"式舰载战斗机

1943 年 7 月，美国陆军第 14 航空队（飞虎队）进驻柳州机场，此后，柳州机场便成为盟军的重要空军基地之一，第九飞机修理厂也承担起飞机维修的繁重任务。

二、军政部兵工厂

1933 年，广西在柳州蟠龙山附近兴建第四集团军总司令部柳州制弹厂。1937 年 11 月，该厂编入军政部兵工署第四十兵工厂，对外称"柳丝农场"。该厂月产 82 毫米迫击炮弹 9000 发、7.9 毫米步枪子弹 120 万发、意式手榴弹 4000 余枚、捷克式轻机枪 20 ～ 25 挺，主要装备桂军及地方民团保安队等。

1938 年 1 月，广东石井兵工厂迁至今融水苗族自治县境内，更名为"军政部兵工署第四十一兵工厂"。该厂主要生产中正式 7.9 毫米步枪、7.9 毫米捷克式轻机枪、7.9 毫米步枪弹、手榴弹，还生产相应的炸药和火药，对保障前线部队武器弹药的供

给发挥了重要作用。

1938年1月，兵工署令第四十二兵工厂（原为广州面具厂）迁入柳州，厂址设在窑埠蟠龙山的山洞。1939年3月正式投产，生产的防毒面具称为"四二式防毒面具"，日产150～250套。

第四十一兵工厂旧址   第四十二兵工厂旧址

为了抗战需要，兵工署于1938年3月在柳州市羊角山莲花村建新厂，即柳州地雷厂，主要装配绊弦地雷和脚踏地雷，生产用步枪发射的小型炸药包。工人每天劳动11小时以上，日装配地雷300多个，制造炸药包6000多个。

第三单元 战时后方的农业试验中心

全面抗战爆发后，因避战疏散，来自国立广西大学农学院、农林部中央农业实验所广西工作站和农林部广西省推广繁殖站等的全国各地农学专家、教授来到柳州，在柳州沙塘的广西农事试验场继续开展教学和研究工作，为支持抗战斗争和维持民生作出了贡献。

一、广西农事试验场

1926年，广西省政府为振兴全省农业，决定在柳州市羊角山镇建立全省农科实验基地，最初称为"柳江农林试验场"，后几经易名，1935年由羊角山镇迁至沙塘镇，改名为"广西农事试验场"。

原农业部部长何康为柳州沙塘农事试验场题词

当时的广西农事试验场

广西农事试验场旧址

二、国立广西大学农学院

1937 年 9 月，国立广西大学农学院自梧州迁至柳州沙塘，设有农学系、森林系及畜牧兽医系 3 个学系，各系均设有研究室。

国立广西大学农学院（沙塘旧址）

马君武（1881— 940），著名政治活动家、教育家，[立广西大学首任校长

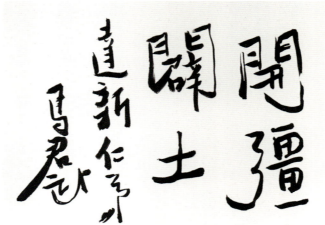

马君武给国立广西大学农学院毕业生题词

农艺组试验区之一

四、广西省立柳州高级农业职业学校

广西省政府于 1940 年创立广西省立柳州高级农业职业学校，马保之兼任校长。该校是广西有史以来的第一所中等农业技术学校，被誉为"八桂畜牧兽医人才摇篮"。

广西省立柳州高级农业职业学校旧址

五、农业科研成果

抗战时期，沙塘共完成研究实验、科研项目 120 多项，有研究论著数百篇，取得了大量易于推广的科技成果，这些成果主要涉及水稻、小麦、玉米、烟草等农作物的种植技术及其病虫害的有效防治方法。这些新成果不仅带来了粮食的大增产，保障了军粮的供应，也为抗日战争的胜利奠定了物质基础，在国内外也产生了很大的影响，为我国近代农业科技的发展作出了重要贡献。

实验的优良小麦和稻谷

沙塘的农业专家发表在省级以上学术刊物的部分论文题录

序号	题目	作者	出版刊物名称及期数（或时间）
1	棉作距离试验之研究	程侃生	《农林汇刊》，1934（2）
2	第四集团军总司令部良冲种马牧场草栽培意见书	梁逸飞、程侃生	《农林汇刊》，1934（3）
3	甘蔗粉虱之研究	陈金璧	《广西农事试验场研究专刊4号》，1935年11月
4	广西高空真菌孢子观察桐油枯萎病之初步报告	陆大京	《广西农事试验场研究专刊2号》（英文版），1939年10月
5	广西良种糖蔗品质比较及成熟期之测定	黄瑞纶	《广西农事试验场研究专刊14号》，1940年8月
6	水稻天然杂交试验预报	徐天锡、张国材	《广西农业》，1940，1（2）
7	广西种子植物名录	汪震儒、钟济新、陈立卿	《广西农业》，1940，1（2）
8	稻花开放与颖色关系之初步观察	周汝沆、李维庆	《广西农业》，1940，1（4）
9	移植及培土对于玉米产量及生长之影响	范福仁、顾文斐、徐国栋	《广西农业》，1940，1（6）
10	迁江等五县麦作肥料推广督导经过与感想	顾文斐	《广西农业》，1940，1（4）
11	除虫菊之昆虫学观	柳支英	《广西农业》，1941，2（1）
12	柑橘类之溃疡病	黄亮	《广西农业》，1941，2（5）
13	几种小麦杂交之蛋白质含量、面筋品质及阴雨发芽迟缓性之遗传与变异	孙仲逸	《广西农业》，1942，3（1）
14	波尔多液防治棉浮尘子之研究	蒋书楠、徐玉芳	《广西农业》，1942，3（1）
15	马尾松材积及行数之研究	谢汉光、梁儒	《广西农业》，1943，4（4）

1935 年研制的稻苞虫耙式梳和拍板，用于消灭水稻虫害，在广西 81 个县推广使用。

使用稻苞虫耙式梳和拍板消灭水稻虫害

六、农业人才辈出

何康（1923—2021），福建福州人，原农业部部长。1941—1946 年在柳州沙塘国立广西大学农学院读书并在广西农事试验场从事农业科研

李崇道（1923—2016），上海人，原台湾"农复会"主任，台湾"中央研究院"副院长。1941—1946 年在柳州沙塘国立广西大学农学院读书并在广西农事试验场从事农业科研

黄达成（1923—2005），原香港农牧渔业署署长。1943 年考入国立广西大学农学院，在柳州沙塘就读。在校学习一年后，投笔从戎，以翻译身份随中国远征军远赴印度对日作战

陈焕镛（1890—1971），广东新会人，著名植物学家，我国近代植物分类学的开拓者和奠基者之一，广西大学经济植物研究所所长。1938 年夏，广西大学植物研究所划归国立广西大学农学院，当年 9 月，陈焕镛随国立广西大学农学院搬到广西柳州沙塘镇。1955 年当选中国科学院首批学部委员（院士）

汪厥明（1897—1978），浙江金华人，农学家、作物育种学家、生物统计学家，我国生物统计学的主要创始人。国立广西大学农学院迁至柳州后，曾在该学院任教授兼农艺系主任。1963年当选台湾"中央研究院"院士

张肇骞（1900—1972），浙江永嘉人，植物学家，擅长植物分类学和植物区系研究。国立广西大学农学院迁至柳州后，曾在该学院任教授兼农林植物研究所主任。1955年当选中国科学院首批学部委员（院士）

邱式邦（1911—2010），浙江吴兴人，中国近现代农业昆虫学家。曾任南京中央农业实验所技士。抗日战争爆发后，实验所向西南搬迁，他被分配在该所广西柳州沙塘工作站从事害虫研究工作，1980年当选中国科学院学部委员（院士）

沈善炯（1917—2021），江苏吴江人，微生物生化和分子遗传学家。早年考入南京金陵大学农业专修科。淞沪会战爆发后，沈善炯未能随学校西迁，只身到柳州沙塘的国立广西大学农学院借读。1980年当选中国科学院学部委员（院士）

第六部分

国际力量　汇聚柳州

中国作为世界反法西斯战争的东方主战场，始终抗击和牵制了日本绝大部分陆军兵力和部分海、空军力量，直接支援和配合了盟军的反法西斯斗争。中国共产党致力推动并建立世界反法西斯统一战线，联合一切和平、民主力量共同抵抗法西斯侵略。在世界反法西斯统一战线的领导下，中国积极支持世界其他民族的独立运动，柳州一度成为韩国、越南等邻国的抗日斗争力量所在地；苏联航空志愿队和美国志愿援华航空队、美国陆军第10航空队驻华特遣队、美国陆军第14航空队先后驻扎柳州，参加援华抗战。

第一单元　苏联航空志愿队

苏联是最早支持中国抗击日本侵略者的国家。1937年8月21日，中苏两国签订《中苏互不侵犯条约》，苏联不仅在舆论和道义上支援中国抗战，而且在军事、经济、人力和技术方面提供了大量援助。1939年10月，苏联航空志愿队进驻柳州，至1941年6月苏德战争爆发，苏联航空志愿队陆续回国。苏联的帮助，对中国的抗日战争起到了积极作用。

抗日战争于1937年开始，苏联是第一个来到中国帮助我们抗击侵略者的。中国人民对此深深感谢苏联政府和人民。

——1945年4月，毛泽东在中国共产党第七次代表大会上的讲话

《中苏文化》刊载的关于中苏两国订立互不侵犯条约的报道

苏联航空志愿队进驻柳州机场后居住的营房旧址

在上海、南京、武汉沦陷后，国民政府西迁至重庆，苏联航空志愿队也随即迁驻到西南大后方的湖南芷江和广西的桂林、柳州等地机场。1939 年 10 月，苏联航空志愿队开始进驻柳州机场，与驻柳州中国空军并肩作战。

1939 年 10 月 18 日，有 10 余架日军飞机出现在柳州上空，驻柳州中国空军与苏联航空志愿队迅速起飞，击伤 2 架日军飞机。1939 年 12 月 22 日，又有 9 架日军飞机入侵柳州，被苏联航空志愿队击落 1 架。

苏联航空志愿队集结

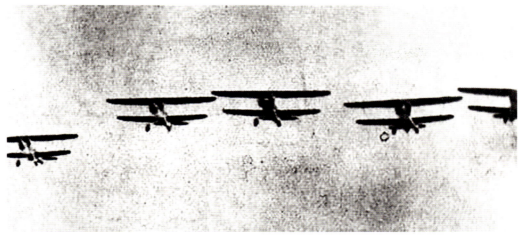

中国空军和苏联航空志愿队飞行员驾驶歼击机起飞迎战日军飞机

挂载在 TB-3 轰炸机上的伊-16 战斗机

郑少愚（1911—1942），四川渠县人。1935
年加入中国共产党。抗日战争爆发后，郑少
愚先后参加了上海、广州、南京、武汉、柳州、
重庆、成都等地的空战百余次。桂南会战时期，
他率队会同苏联航空志愿队以柳州机场为基
地起飞迎敌，击落敌机 3 架

　　1939 年 12 月 25 日至 27 日，苏联航空志愿队同中国空军共出动飞机 12 批、100 余架次，从柳州机场出发飞临昆仑关上空，扫射、轰炸日军阵地，击落多架日军飞机，有力地支援了我国地面部队对日本侵略军的反攻。

　　1939 年 12 月 30 日，日军为报昆仑关被袭之仇，出动 14 架（另有 18 架一说）飞机分 3 批入侵柳州，被中、苏空军合围，先后有 8 架日军飞机被击落。柳州空战告捷的消息传到重庆后，重庆各界为这次空战胜利召开了慰劳会。《中央日报》《申报》《柳州日报》等报刊纷纷对其进行报道。

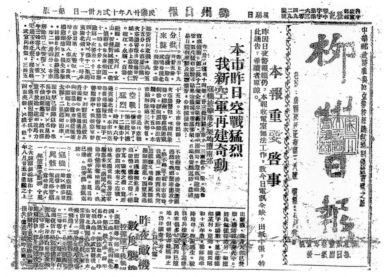

1939 年 12 月 31 日《柳州日报》报道《本市昨日空战猛烈，我新空军再建奇勋》

中、苏空军通过悬挂灯笼来预警敌机的到来

1940 年 1 月 10 日，日军出动 27 架攻击机、24 架战斗机、2 架侦察机分批空袭桂林。驻柳州苏联航空志愿队增援，击落日军飞机数架。苏联的对华援助，在一定程度上缩小了中日两国之间，尤其是一线作战部队之间的实力差距，提高了中国军队的战斗力，对中国进入抗日战争战略

柳州民众参观被击落的日军飞机

相持阶段有着巨大的积极意义，也对世界反法西斯统一战线的形成具有一定的推动作用。

第二单元　飞虎队

在中国共产党倡导建立的抗日民族统一战线旗帜下，1941 年 8 月，中国政府招募一批爱好和平的民间退役航空人员，筹建志愿援华航空队来华参战。

陈纳德（1893—1958）组建的美国志愿援华航空队（又称"飞虎队"）在缅甸基地训练 5 个月后即在昆明等地投入对日作战。在抗日战争期间，陈纳德率领其部沉重打击了日军的嚣张气焰，陈纳德因此被誉为"飞虎将军"。

1941 年 11 月，陈纳德按作战需要将飞虎队编为 3 个中队：第一中队名为"亚当与夏娃"，

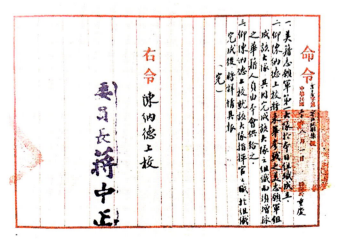

陈纳德担任美国志愿援华航空队指挥官的任命书

第二中队名为"熊猫"，第三中队名为"地狱天使"。飞虎队的飞机机身都画上了鲨鱼图案。

陈纳德与飞虎队队员合影

飞虎队第一中队"亚当与夏娃"队徽

飞虎队第二中队"熊猫"队徽

飞虎队第三中队"地狱天使"队徽

1942 年初，飞虎队的地勤人员开始陆续进驻柳州机场。1943 年 7 月，飞虎队进驻柳州机场。

飞虎队队员在柳州机场留影

飞虎队在柳州机场的营房

为更好地承担抗战基地使命以支援抗战，在抗战期间柳州机场进行了两次扩建。

柳州机场始建于 1929 年 3 月，占地 38 公顷。1937 年 11 月，柳州机场开始第一次扩建，共征调民工 12280 人，于翌年 5 月完工。

扩建中的柳州机场

1943 年，柳州机场再一次扩建，扩建后的机场比初建时扩大了 3 倍。

民工拉着大石碾平整柳州机场跑道

修理柳州机场跑道的当地民工

不辞辛苦挑沙运石的女工

扩建后的柳州机场各项设施齐备，交通便利，几乎可以起降任何飞机，从昆明、成都等地飞往抗战前线的飞机多在柳州机场加油，柳州机场也承担起将物资运往其他前线基地的任务。

柳州机场停机坪和跑道

停留在柳州机场的C-54运输机群

从柳州起飞的飞机，几乎可以攻击到中国海南岛、香港、台湾以及越南、菲律宾等任何日本占领区。

一架B-25轰炸机执行任务后回到
柳州机场降落时偏离了跑道

　　1944 年 10 月 16 日，飞虎队队员驾驶 B-24 轰炸机从柳州机场飞往中国南海执行任务。返航途中因飞机引擎故障失去控制，先后跳伞的 11 名飞行员在鹿寨县拉沟乡木龙村当地村民的救助和县政府的帮助下安全返回柳州基地。

鹿寨县拉沟乡木龙村坠机机组成员合影

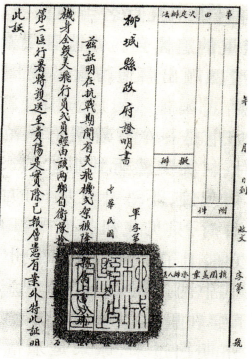

柳城县政府解救美国飞虎队坠机
生还飞行员的证明文件

豫湘桂战役爆发后，柳州机场被日军占领。驻柳州的飞虎队撤离到了独山、遂川、赣州、贵阳等地的空军基地，他们不时从这些机场起飞，对日军占领地区及日机进行轰炸扫射。1945年8月15日，日本宣布无条件投降，至此飞虎队援助中国的所有军事行动也全部停止。

飞虎队在撤离柳州机场时举行降旗仪式

第三单元　胡志明与越南革命同盟会

柳州是越南领袖、越南共产党创始人胡志明革命生涯中的重要一站。在抗战时期，他在柳州度过了最艰难的狱中岁月，被解救出来后，又在柳州改组越南革命同盟会、创办越南革命青年干部训练班，与柳州人民在抗击外敌争取民族独立的过程中结下不解之缘。

96
来宾
监房班长天天赌，警长贪吞解犯袋。
妹长烧镣辨公案，来宾依旧太平天。

91
到柳州兄
千辛万苦非无限，九日五人到柳州。
面颜百个天恶梦，醒来面却带余愁。

93
而颜百个天恶梦，醒来面却带余愁。
久不通解。

95
苦药杯将乾更苦，难开末步倍艰难。
长官部只凭里许，何故长留东此间。

胡志明被押解到柳州时写下的诗歌
《到柳州》

133

1942 年 8 月，胡志明为寻求中国援助秘密进入中国时，被德保县足荣乡乡警以间谍嫌疑拘留。几经辗转，于 1942 年 12 月被押送至柳州，关押在第四战区政治部军人扣留所的一个山洞内。

中共中央南方局获悉胡志明被捕后，立即与重庆国民党当局多方交涉，周恩来亲自找到国民党爱国将领冯玉祥，委托其出面营救胡志明。在中国共产党和各界积极营救下，1943 年 9 月 10 日，胡志明获得自由。1943 年 9 月，胡志明获释后曾暂住在第四战区政治部，后迁居位于柳石路的南洋客栈。

胡志明在柳州的旧居

胡志明获释后经常在乐群社与越南各党派领导人会面、议事或召开会议。

乐群社旧址

1944 年 3 月，胡志明在柳州组织和召开越南革命同盟会代表大会，并在会上作《国际反侵略大会越南分会之报告》。

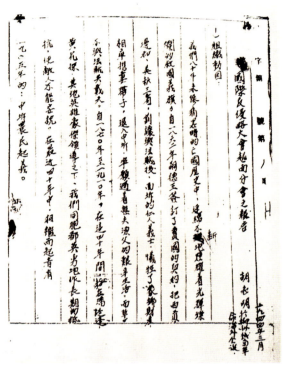

胡志明《国际反侵略大会越南分会之报告》手稿

　　胡志明常到柳州市东南郊的高亮山越南革命青年干部训练班就当前抗战局势讲课和作报告。

胡志明在越南革命幹部訓練班結業典禮上的演講記錄稿
翻譯：黎維巖　阮氏英　　　　　　時間：一九四四年四月
記錄：葉瑞庭（國民黨第四戰區上校參謀）　地點：柳州大橋訓練團

尊敬的張教育長、各位教官、同學們：

　　在這裏我首先感謝中國政府和人民，對我們越南革命事業給予誠摯、大力、持久的支援。中國既要打敗東方最兇惡的侵略者——日本帝國主義，又要同時建國，以求持久抗戰，任重道遠，是有一定困難的，中國人民還節衣縮食來支援我們越南革命，這就顯示了中越兩國人民唇齒相依、禍福與共的共同命運。偉大的孫中山先生有句名言"安危他日終須仗，甘苦來時要共嘗。"這句名言對我們兩國革命人民來說是具有深遠歷史意義的偉大號召，中越兩國人民，自當永志不忘而去力行它。親愛的同學們，你們都是我們越南革命戰士，我們要把越南建設成？和平、統一、獨立、民主和富強的越南，這種成功是定了的，因為這是人民的力量，時代的要求，所以任何逆流也衝擊不了的。同學們奮鬥吧！

　　納粹德國在蘇聯已被強大的蘇聯人民和戰無不勝的蘇聯紅軍在卓越的史達林元帥指揮下分別從列寧格勒、基輔各線被趕出去。滑鐵盧這一幕戲由希特勒來重演而無疑了。同學們，勝利之神在向你們招手，百尺竿頭更進一步吧！

　　日本南進政策已徹底失敗，在緬甸戰場上已被中國遠征軍打得潰不成軍，日本要撤退其南進的軍隊，中國通過越南這條陸上走廊勢必拼命打通，所以還有一場惡戰，不過這場惡戰是最後一次了，中國抗戰就要結束了。不管法國殖民者怎樣兇惡狡猾，都阻擋不了我們前進的步伐。我們總是要勝利的，越南總是要獨立的，這是不可逆轉的歷史洪流。殖民者滾出越南去的日子不遠了。同學們，請你們去迎接勝利吧！

越中友好萬歲！越南獨立萬歲！（長時間掌聲）

训练班结业时，胡志明发表演讲的记录稿

高亮山（胡志明曾在高亮山开办越南革命青年干部训练班）

　　1944 年 6 月，越南共产党派人到柳州向胡志明汇报越南国内形势，建议胡志明回国直接领导越南革命。1944 年 8 月胡志明离开柳州返回越南。

第四单元　大韩民国临时政府

　　1938年10月至1939年4月，大韩民国临时政府在迁移至柳州后的半年时间里，举行了各种义演，慰问伤兵，并发表了《韩国独立宣言20周年纪念宣言》等，与柳州民众一道开展抗战活动。

　　大韩民国临时政府于1919年在上海成立。1932年4月，虹口公园爆炸事件后，大韩民国临时政府迫于日本的高压政策，开始在中国各地辗转迁移。随着中国抗战局势的变化，先遣队人员于1938年10月到达柳州，政府要员及家属120多人于同年11月30日乘船在柳州码头上岸。在柳州人民的帮助下，大韩民国临时政府要员分散居住在乐群社、太平西街、江西会馆等处。

大韩民国临时政府人员到达柳州上岸的码头

　　1939年2月，大韩民国临时政府在柳州成立"韩国光复阵线青年工作队"，工作队下设宣传组、演剧组、歌咏组、儿童部等，他们在柳州开展了慰劳负伤将士、抗战义演等大量活动。

韩国光复阵线青年工作队负责人池达洙

韩国光复阵线青年工作队副队长金东洙（金刚）

版叁第　　　　　報　日　州　　　　　六期星　日四月三年八廿國民

向韓國青年工作隊致敬

韓國光復陣線工作隊
為慰勞抗敵負傷將士遊藝大會特刊

韓國光復陣線青年工作隊
為慰勞抗敵負傷將士舉行遊藝大會的意義

怎樣接受韓國戰友的援助

韓國光復陣線青年工作隊
籌款慰勞抗敵負傷將士
□ 遊藝大會節目 □

| 1. 中華民國國歌 …………柳州救亡歌詠團 |
| 2. 愛國歌 ………………本隊歌詠組 |
| 3. 開幕辭 |
| 4. 訓話 ………………………… |
| 5. 為陣亡將士默念 |
| 6. 慰勞傷兵歌（合唱）………本隊童軍部 |
| 7. 獨唱 ……………………負傷將士 |
| 8. 合唱 ………………………負傷將士 |
| 9. 前進（齊唱） |
| 10. 小提琴合奏（滄海的風景）…王仲其　陳泰潤 |
| 11. 獨唱（薔薇花）…………延建堂女士 |
| 12. 跳舞 |
| 13. 獨唱（流浪者）………李志遠先生 |
| 14. 遊戲 |
| 15. 國之夜（戲劇全幕）…本隊戲劇組 |
| 16. 獨唱（FRA LIA VOLO）…金乘仁女士 |

保家鄉（四部合唱）
職戰歌（四部合唱）
獨唱　章校先生　上海市八一三歌詠家
女青年戰歌（四部合唱）《中國音樂專家章校先生生指揮》
游擊隊之歌（四部合唱）
抗戰歌（四部合唱）

18. 小提琴獨奏……北京大學提琴家　陳君琬女士
救亡進行曲（齊唱）
救國（二部合唱）
祖國（二部合唱）
夫之歌（齊唱）…本隊歌詠組
可愛的山河（齊唱）（民謠）
青年進行曲（齊唱）

20. 跳舞 ……………本隊童軍部
21. 魔術
22. 口琴合奏 ………本隊歌詠組
23. 勇兵之夜（戲劇全幕）…本隊戲劇組
——完——

日　期：三月四日下午七時　　地　點：曲　園
三月五日下午一時

1939 年 3 月 4 日《柳州日报》报道韩国光复阵线青年工作队慰劳抗日负伤将士的情况

致敬韓國光復陣線青年工作隊同志暨各界同胞書

韓國光復陣線青年工作隊同志暨各界同胞：

此次韓國華青年同志，到西柳州來，為著表示我們中華民族全面抗戰，彼此是一個戰友，這是多麼的偉大！我們抱愧於外，是萬分的感激的同胞，還樣的踴躍，而為我們負傷同志時起

界友，這是多麼的偉大！我們負傷同志，是盡著革命的衝鋒陷陣，很是袖手的戰役主張的爭，制止暴敵的侵略，為全民族爭生存，將世

心，我們本著最高的熱血，是盡著軍人的職分的爭，也是責任上應盡的！古人有句話說「一

死在沙場上的安慰」這是我們感覺得無以對國家，更無以對韓國革命青年戰友和各界的同胞！是多麼受

謀卻平是著愛的國家，祇很是不常的負傷流血倘沒有達到我們的任務而享受

你遺憾其響！尤其是既不能助你們的爭氣，而使西柳州來努力工作

的現在許多同志，都是我們堂堂黃胄血統的同胞年明朝失政的時候，被了日本的侵略而扎

的，現在我們既不能到大後方去安慰你們，又無可諱言的了！而且是懸千鈞一髮的關頭，我們祇有互相

不勉客氣，同共，光明途我們在不遠的客氣，你們今天的賜贈

增強我氣，的話，就是我們負傷同志在療養時期應具備的認識主素，今後我們臻於親密團結！你們今天的所賜

和希望，保證我們勝利爭取一步改造韓再民族永遠在世界上光榮！！你們的厚

！我們駐柳全體負傷官來敬酬答謝

1939 年 3 月 8 日《柳州日报》刊登《驻柳全体负伤官兵致敬韩国光复阵线青年工作队同志暨各界同胞书》

1939 年 3 月 1 日，韩国"三一"运动 20 周年纪念大会在龙城中学礼堂举行，100 多名大韩民国临时政府要员及柳州各界代表参加会议，会上发表了《韩国独立宣言 20 周年纪念宣言》。

龙城中学礼堂旧址

韩国"三一"运动 20 周年纪念大会的顺利召开，得到时任龙城中学校长、中共党员高天骥的大力支持和帮助。

青年时代的高天骥

1939 年 3 月 2 日《柳州日报》报道有关韩国民族宣布独立 20 周年纪念会的情况

韓國獨立宣言二十週年紀念宣言

本月一日為韓國民族宣佈獨立之廿週年紀念日，僑柳韓國同志特發宣言。其原文如下：

二十週年前是日也，由我韓國民族宣佈獨立之第一聲，是東方被壓迫的弱小民族之猛烈的韓民族反抗之第一聲。

國民族宣言。國京城秉熙等三十三人，代表我韓國為獨立國，宣布並東開始，一萬萬之韓民族，決反抗日本之武力壓迫而起。

國主義之鐵蹄下，韓帝國復活之呼聲，如燎原之火，月之內，二千百餘回府郡之火焰，二千五百個原野，行洪水之示威運動，被殺者有七千五百餘人。

决鬥之開幕式，二千百萬民族為國家生存與主義復活而奮鬥，共百有一千五百個府郡之抗日運動。

員之犧牲，士五千餘人，被捕入獄受刑者五萬餘人。

多威逼迫脅，而多有四萬六千餘人，雖為凶燄所能，然其逐其全功業於風魔烈之中，以眷念民族光復。

六、凡殺身勇敢而其發揚之一威，民族革命歷史證於各層烈士。

革命運動以來，二十年中，舉其大者一（一）。（二）。每八年分子五，之倍（三）勞工每增一倍，如近十年中，如（四）學士綜尤千萬。

工陸級之生活，二千餘人，每年工著者一增三倍，每年增四倍，在革命鬥士者綜四十萬，在鴨綠江之變遊豆滿兩岸有一，合以鴨綠回流上而有幾四（五）。

五千餘人，自此以來，革命逐年強化頭人，增二倍工年，有六（一）。

外各種有力獨立運動團體，結合為國光復陣線，亦由於此。二週年紀念，亦其是向華民國內地取成功的勝利我革命前之階段，最重要的力量。韓國同志一般民眾，尤其是中韓兩民族，早自四十世紀本。

國際友誼持有鐵之明白是張是持主義抗日本帝國主義。復國抗日有共同堅決，中兩民族異歐。復原因此四起，韓國此共消滅而死敵之滅人義。

力量之民族，因此堅持復國與原因。日本帝國之崩軸翔。（三）弱小，早入四世紀，民族革命勢力復漲。（四）兩民，歐日與中同盟兩，站勢消知方。

二日使○國民人人得有平等之教育上。二日使○國民人人得有平等之經濟基。

的在之一國境，定主日與強化，主義○有○此之以上於上○日使○國人人有等的活上完全解放，三日從○國民族，○經濟上完全解放。

濟上活歸基一二三民治上完全解放，以此三均制度，同時實現於新國學獨以完全解放。

（一）韓日本帝國主義之末日。
（一）中國抗日戰爭勝利萬歲。
（一）聯絡世界上一切反日勢力打倒日本帝國主義。
大韓民國二十一年三月一日

韓國光復陣線聯合宣傳委員會（內○代韓）

1939 年 3 月 2 日《柳州日报》刊登的《韩国独立宣言二十周年纪念宣言》

在柳侯公园音乐亭前合影留念的部分韩国光复阵线青年工作队队员

1939 年 4 月 4 日，韩国光复阵线青年工作队在柳州与各界机关团体代表合影留念

　　随着日本侵华不断深入，柳州也随时可能成为抗战的主战场。1939 年 4 月 6 日至 22 日，在中国政府的帮助下，大韩民国临时政府要员及家属分批撤离柳州前往重庆。

大韩民国临时政府柳州时期大事记

时间	具体事件
1938 年 10 月下旬	部分人员到达柳州
1938 年 11 月 30 日	大部分人员乘船到达柳州
1939 年 1 月 8 日夜	在新世界剧院参加国民党第四战区第五大队举行的音乐会并演出
1939 年 2 月	在柳州成立"韩国光复阵线青年工作队"
1939 年 2 月 14 日夜	在曲园剧场参加广州兰白剧场、广州儿童剧团举行的联合公演并演出
1939 年 2 月 15 日下午	在曲园剧场参加广州兰白剧场、广州儿童剧团举行的联合公演并演出
1939 年 2 月 25 日下午	在国民党柳江县党部与柳州党政军团代表召开叙谈会,商谈举行游艺大会筹款慰劳抗战负伤将士事宜
1939 年 3 月 1 日上午	在龙城中学礼堂召开韩国"三一"运动 20 周年纪念大会
1939 年 3 月 1 日下午	在柳江县民团指挥部政治部会客厅召开游艺大会劝募部第一次会议,讨论劝募分工事宜
1939 年 3 月 2 日	以韩国光复阵线联合宣传委员会名义在《柳州日报》发表《韩国独立宣言二十周年纪念宣言》
1939 年 3 月 4 日	光复阵线青年工作队在《柳州日报》发表《为慰劳抗战负伤将士举行游艺大会的意义》文章
1939 年 3 月 4 日晚	在培新路曲园剧场举行游艺大会
1939 年 3 月 5 日晚	在培新路曲园剧场举行游艺大会
1939 年 3 月 6 日	韩国光复阵线青年工作队队员杨玄在《柳州日报》发表《中韩两国在抗战中之关系与合作》文章
1939 年 3 月 8 日下午	在公共体育场参加"三八"节纪念大会并卖花
1939 年 3 月 9 日	在国民党柳江县党部召开游艺大会劝募款结算和分配会议
1939 年 3 月 10 日上午	与柳州各界代表前往柳州军医院慰问前线负伤将士
1939 年 3 月上旬	林义择、权一重、方顺伊因身份不明被误拘
1939 年 3 月 15 日下午	在救亡剧场参加柳州文协剧社招待儿童公演并演出
1939 年 3 月 19 日中午	在公共体育场参加柳州"第二期抗战第一次宣传周"联合歌咏大合唱
1939 年 3 月 22 日夜	在救亡剧场参加柳州"第二期抗战第一次宣传周"演出
1939 年 3 月 23 日下午	在公共体育场参加柳州"第二期抗战第一次宣传周"举行的火炬歌咏大巡行活动
1939 年 3 月 29 日夜	在救亡剧场参加柳州各团体"3·29 革命先烈纪念日"大型戏剧歌咏游艺大会并演出
1939 年 4 月 3 日	在柳侯公园、思原轩参加柳州各救亡团体第一次交谊会
1939 年 4 月 4 日下午	参加在公共体育场举行的全市儿童节纪念大会活动
1939 年 4 月 16 日下午	出席在国民党县党部召开的柳州各界庆祝儿童节筹备会,并获联合公演奖旗
1939 年 4 月 22 日	在乐群社前车站广场,乘国民党交通部派来的 6 辆巴士车离开柳州

第七部分

前事不忘 后事之师

1945 年，世界反法西斯战争进入最后胜利阶段。在东方主战场上，中国军队对日开展战略反攻，日军节节败退。1945 年 6 月 29 日，柳州光复。1945 年 8 月 15 日，日本无条件投降。中国人民历经 14 年的浴血奋战，终于打败了日本侵略者，赢得了近代以来中华民族抗击外敌入侵的第一次完全胜利。这一伟大胜利，开辟了中华民族伟大复兴的光明前景，开启了古老中国凤凰涅槃、浴火重生的新征程，也让新时代的中华儿女，保持了越艰险越向前的英雄气概，时刻铭记"生于忧患，死于安乐""常怀远虑，居安思危"的警世名理，在中国共产党的带领下，与全国人民一道不懈推进中华民族伟大复兴。

第一单元　柳州光复

　　1945 年 6 月 29 日，日军撤出柳州，柳州光复。日军撤退前一个月，就有计划地烧毁了市内和近郊的所有工厂、商店、仓库、汽车站、火车站、飞机场等设施建筑。撤出柳州前三天，日军、汉奸在全城疯狂纵火，对较坚固的建筑物还用了化学药物进行破坏，市区和郊区的建筑几乎都被焚毁。

　　一座人口一度达十万之众的繁华城市，光复时却是一片瓦砾，只剩下一副城市的躯壳。柳州的难民们也陆续踏上了返乡之旅，开始重建千疮百孔的家园。

柳州光复后，回城的民众在废墟瓦砾堆上搭盖茅屋板房，通过种菜、摆摊、擦皮鞋等方法艰难生存下去

战后的柳州疟疾肆虐，市民在配置杀蚊剂

　　1945年8月6日，美国在日本广岛投下原子弹，驻柳美军举行了一次盛大的收复城市祝捷大游行，并将相关的影像资料寄回美国。

驻柳美军收复城市祝捷大游行

1945年9月，国民党政府行政院善后救济总署（以下简称"善后救济总署"）黔南主任柳州办事处开始办公，开设收容所。同年11月，善后救济总署广西分署在柳州乐群社成立。

善后救济总署广西分署成立一周年全体职员留影

　　1945年11月，柳州相继设立了救济院、难民登记总站、难民收容所，对难民进行救济，累计收容难民15056人。

柳州羊角山难民收容所帐篷

难民的日常生活

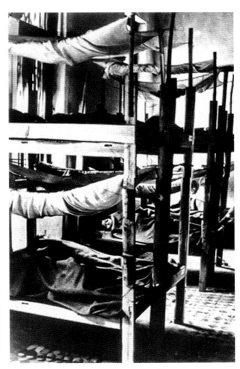

难民营中的上下铺

第二单元　日本投降与中国受降

1945 年 8 月 8 日，苏联对日宣战，中国的抗日战争进入最后阶段。1945 年 8 月 9 日，毛泽东发表《对日寇的最后一战》，号召"八路军、新四军及其他人民军队，应在一切可能条件下，对于一切不愿投降的侵略者及其走狗实行广泛的进攻"。

1945 年 8 月 14 日，日本照会中国、苏联、美国、英国，表示接受《波茨坦公告》。1945 年 8 月 15 日中午，日本裕仁天皇发布接受《波茨坦公告》的停战诏书，宣布向同盟国无条件投降。

对日寇的最后一战

（一九四五年八月九日）

八月八日，苏联政府宣布对日作战，中国人民表示热烈的欢迎。由于苏联这一行动，对日寇的时间将大大缩短，对日战争已经处在最后阶段，最后地战胜日本侵略者及其一切走狗的时间已经到来了。在这种情况下中国人民的一切抗日力量应举行全国规模的反攻，密切而有效力地配合苏联及其他同盟国作战。八路军、新四军及其他人民军队，应在一切可能条件下，对于一切不愿投降的侵略者及其走狗实行广泛的进攻，开大这些敌人的力量，夺取其武器和资财，扩大解放区，缩小沦陷区，必须放手组织武装工作队，成百队成千队地深入敌后，组织人民，破击敌人的交通线，配合正规军作战。必须放手发动沦陷区的千百万群众，立即组织地下军，准备武装起义，配合从外部进攻的军队，消灭敌人。解放区的巩固工作仍应注意，今冬明春，应在现有一万万人民和一切新解放区的人民中，普遍地实行减租减息，发展生产，组织人民政权和人民武装，加强民兵工作，加强军队的纪律，坚持各界人民的统一战线，防止内奸破坏人力物力。凡此一切，都是为着加强敌寇军和敌人的进攻。全国人民必须注意制止内战危险，努力促成民主联合政府的建立。中国民族解放战争的新阶段已经到来了，全国人民应该加强团结，为夺取最后的胜利而奋斗。

1945 年 8 月 9 日，毛泽东发表《对日寇的最后一战》

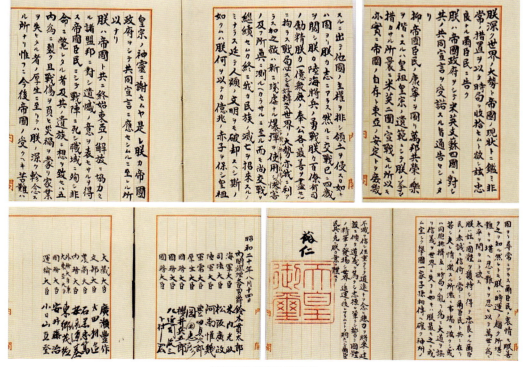

裕仁天皇签发的投降书

1945年8月21日，日军乞降使节、侵华日军中国派遣军副总参谋长今井武夫飞抵湖南芷江向中国政府请降。

日本投降签字典礼筹备处全体职员留影纪念

1945年9月2日，日本新任外相重光葵代表日本天皇和政府，日本陆军参谋总长梅津美治郎代表日军大本营在美国战列舰"密苏里"号上向同盟国签署投降书

1945 年 9 月 3 日，柳州各界联合举行"庆祝抗日战争胜利大会"

"昨晚，当人们得知日本投降了，整个城市都沸腾了。来福枪响了，照明弹腾空而起。你所能听到的一切就是，战争结束了，战争结束了！"这是美国驻中国第九十四军军需分配官卢·格里斯特在柳州得到日本投降的消息后，写给妻子的信中的一段话。

第三单元　弘扬抗战精神　走新时代
中国特色社会主义发展道路

抗日战争的胜利，是正义战胜邪恶、光明战胜黑暗的胜利，是中华民族近代以来抗击外敌入侵的第一次完全胜利。中国以确定抗战胜利纪念日、建立纪念设施、修缮保护各类抗战遗址、举办多种纪念活动，来传承和弘扬抗战精神，坚定地迈入新时代中国特色社会主义发展道路。

2005 年 9 月 3 日，在北京隆重举行中国人民抗日战争暨世界反法西斯战争胜利60 周年大型纪念活动。

中国人民抗日战争暨世界反法西斯战争胜利 60 周年大型纪念活动现场

在 2010 年中国人民抗日战争暨世界反法西斯战争胜利 65 周年纪念日，全国各地民众自发举办纪念活动。

民众在北京卢沟桥畔的中国人民抗日战争纪念馆观看日本侵略者侵华时的老照片

第七部分　前事不忘　后事之师

153

　　2015 年，在中国人民抗日战争暨世界反法西斯战争胜利 70 周年纪念日之际，中共中央决定以中共中央、国务院、中央军委名义，向约 21 万名抗战老战士老同志、抗战将领、为中国抗战胜利作出贡献的国际友人或其遗属颁发"中国人民抗日战争胜利 70 周年"纪念章，以表彰他们的历史功勋。

参加中国人民抗日战争暨世界反法西斯战争胜利 70 周年纪念活动的老战士

2018 年九一八事变 87 周年纪念日，于辽宁省沈阳市九一八历史博物馆残历碑广场举行勿忘九一八撞钟鸣警仪式

2018 年 12 月 13 日举行的南京大屠杀死难者国家公祭仪式现场

2020 年 9 月 3 日纪念中国人民抗日战争暨世界反法西斯战争胜利 75 周年活动现场

柳州市举行纪念抗日战争胜利活动

柳州各界以柳州军事博物园为基地，开展形式多样的抗战精神主题宣讲活动

修缮后的旧机场营房

修缮后的碉堡

修缮后的旧机场指挥塔

大韩民国临时政府旧址，修缮后作为柳州大韩民国临时政府抗日斗争活动陈列馆对公众开放

胡志明旧居，修缮后作为胡志明旧居陈列馆对公众开放

结束语

巍巍马鞍山，滔滔柳江水。柳州抗战，是柳州人民不屈不挠、不怕牺牲、勤劳勇敢的一个缩影。战火纷飞、血雨腥风的岁月已然成为过去，但伟大抗战精神却成为永恒，我们自当永远铭记这段气壮山河的历史。

忆往昔峥嵘岁月稠，看今朝重任在肩头。现在我们正走在开启建设社会主义现代化强国的新征程上，更要弘扬伟大抗战精神，继承万众一心、团结奋进的光荣传统，彰显百折不挠、勇于创新的民族品格，勇敢地承担起伸张正义、反对侵略的历史责任，共绘柳州改革开放新画卷，同写建设新时代中国特色社会主义壮美广西新篇章，为实现中华民族伟大复兴的中国梦而努力奋斗！

后 记

2016 年，根据柳州市委、市政府的总体规划部署，柳州市军事博物园整体搬迁至柳州旧机场，并在原地建设一座柳州抗战纪念园综合博物馆，讲述柳州抗战和国防故事，以此弘扬伟大的抗战精神。

本书以柳州抗战纪念园综合博物馆"不能忘却的记忆——柳州抗战历史"陈列大纲为基础，用图文并茂的形式将展陈内容呈现给读者。

本书是集体智慧的结晶，既有特邀专家参与编撰，又有柳州市军事博物园工作人员的辛勤付出。

本书由柳州市军事博物园潘晓军主持策划、统稿。第一部分由潘晓军编写，第二部分由谢玲编写，第三部分由王普生、肖圣军编写，第四部分由姜一鸣、梁睿编写，第五部分由潘星园、覃丽珍编写，第六部分由陈兵爽、覃香兰编写，第七部分由廖丽萍、张薇编写。摄影由陈夏、刘晖负责。

在陈列大纲和本书资料整理和编写期间，柳州市文化广电和旅游局的领导、同仁给予了大力支持。广西壮族自治区党委宣传部、广西壮族自治区文化和旅游厅、中共广西壮族自治区委员会党史研究室、中国人民解放军广西柳州军分区、中共柳州市委宣传部、中共柳州市委统战部、中共柳州市委党史研究室、柳州日报社等单位对陈列大纲的编写给予了很大的帮助，使得本书能够顺利完成编写，在此我们一并表示衷心的感谢。

由于编者水平有限，书中难免有疏漏之处，恳请有识之士批评指正。